認真職場
33

成功乃~~失敗~~成功之母

從你過往成功的大小事例找到亮點，建立你未來的成功框架

SUCCESS FRAMES

Why learning from success is the key to understanding what motivates and inspires us

Rob Hatch

羅伯．哈契——著　龐元媛——譯

國內外各界好評推薦

成功並非憑空而來，而是建立在你過去的經驗和努力之上。在瞬息萬變的職場中，成功不再是偶然，而是「有跡可循」。我很喜歡觀察成功者做決定／選擇的方式，並萃取出成為自己做決定的參考依據。作者羅伯．哈契通過生動的案例和實用的建議，讓我們學會如何從過往的成功中總結經驗，為未來鋪路。

——王東明　企業講師／輔導顧問

失敗只會留下傷痕，成功才會留下線索，本書《成功乃成功之母》給了很棒的觀點。現在開始暫別檢討失敗，優先複製成功。不斷找出為什麼成功的原因複製貼上，你就能勘破成功的關鍵。

——李河泉老師　台積電「跨世代溝通」指定講座

本書作者羅伯．哈契建議我們要跟自己成功的經驗學習。如果你仔細檢視自己成功的每一步，你就會發現一個成功框架，可以套用在你往後的每一項計畫中。這本書清晰描述如何找出你的成功框架。

——Mark Whittaker　數位行銷企業主

失敗雖然可以讓我們知道哪裡做錯了，或該試試不同的方式，但它無法讓我們知道如何做得更好。這就是成功的魔力和力量。成功的案例給了我們先例，並指引我們前進。這本書帶你找到自己的成功框架，而非提供一套即定的公式。停一下，思索一下，重新組合成功可以為提供你怎樣的協助。

——Amazon 5*

如果你喜愛正向心理學並努力付出，你一定會愛上羅伯．哈契的這本書。書中提出讓人耳目一新的觀點：我們都有一套成功框架，可以讓我們在未來複製之前成功的案例。我自己就從過去做對的事學到許多，而非在失敗的事裡重新組合。我特別讚賞這本書的方法，因為它不只可以用在你的事業，也能用在你的生活中。

——NetGalley

如果你認為從失敗的經驗學習，是最快通往成功的道路，那你恐怕搞錯了。羅伯·哈契有個更好的辦法：想一想「以前有哪些方法對我來說很管用？」這本書提出容易執行的概念，別執著於過往的失敗，應該聚焦在成功的經驗。你只要照做就行了！

——Kate Erickson Dumas　Entrepreneurs on Fire 營運長

如果你聽過「成功會留下線索」，卻不知道該怎麼去找出這些線索，也不知道該如何運用，那這本書正適合你。羅伯·哈契要告訴你如何分析成功的要素，打造成功框架，實現你想要的成功。

——Michelle Mazur 博士　3 *Word Rebellion* 作者

我向來堅信，遇到人生的難關，就要發揮所長突破困境。羅伯的成功框架法，給了我一個可以依循的流程，讓我更能善用成功框架法。太多教練只想「解決」問題，羅伯則是教你找出最大優勢，不僅增強自信，還能調整自己的觀點，這可太令人興奮了！效果也更持久，因為發掘自己的獨特才華，實在是一種不可或缺的能力。

——Mari Anne Snow　Eascra Biotech 執行長／共同創辦人

感謝我的子女 Aidan、Clay、Lucy、Sitota，還有我的妻子 Megin。
你們才是唯一值得追求的成功。

目次

第一部

失敗的迷思

第一章
過往成功的力量：失敗為何會辜負我們

我問別人是怎麼成功的，大多數的人都是尷尬不語，默不作答。少數幾位會弱弱地說：「我也不知道，反正就這樣。」或是回答：「我很拚。」但要是我問同一個人為何失敗，理由就會像洪水一樣，嘩啦啦向我湧來。

我們都聽過從錯誤中學習的說法，也屢次聽見「失敗是最好的老師」。這個概念普及到連亨利．福特、比爾．蓋茲之類的人物也認同，且一再重申。每一個想成功的人，無論目標是什麼，都將這個觀念奉為圭臬。

以下是堪稱世上最成功的人的精選名言：

「只要能從失敗學到東西，那失敗就是成功。」

——邁爾康・富比士

「可以慶祝成功，但更重要的是記取失敗的教訓。」

——比爾・蓋茲

「我們是從失敗學習，成功是學不到東西的！」

——伯蘭・史杜克

還有一大堆類似的言論，全是出自史上最成功、最知名的人士之口，全都認為失敗是至高無上的老師。他們對於該如何達到別人只能夢想的成就高峰，顯然有獨特的見解。

我們豈能反駁？

但「失敗是最好的老師」這種老生常談的觀念，會不會只是一種理想化的說法？會不會是修正主義的歷史？新的研究證實，我們從成功學到的，比從失敗學到的更多。

殘酷的事實是，我們根本沒辦法從失敗學習。成年人的人生，不可能像小時候一樣簡單：「碰到熱爐子，燙傷手，就知道以後不要碰熱爐子。」

失敗不見得是清晰有形的。但我們看待自己的錯誤時，卻往往覺得像在人生的迷宮中走入死巷。我們告訴自己，大腦會記錄我們各種不同的嘗試，也完全清楚下次該避免犯哪些錯。

我們不能只是聳聳肩說：「這招沒用，我再換個方法試試看。」你我都知道不能這樣。知道哪種辦法不管用，遠不同於找出問題、了解問題會在何時發生，並分析該如何調整，跟別人合作更是如此。

例如溝通就複雜多了。我們跟其他人的互動是很微妙的。合作的人越多，問題就越複雜。我們要解決的問題，通常需要動用許多種方式。出錯的機會很高，所以就更難把失敗單獨拿出來看、更難分析究竟是哪裡出錯，又該如何解決。

你怎麼知道？

大型機構有既定的程序與資源，能察覺問題，而且往往能防微杜漸，避免小問題演變成大災難。他們也有團隊能分析問題，實施新程序。

要注意的是，很多這類錯誤之所以發生，是因為沒有依循起初設置的成功模式。

我們自己察覺問題的方法，並未經過如此訓練，也沒有一再使用。我們分析、調整的能力也有限。

失敗不是個好老師

成功的路上難免會有錯誤與失策。每個人都會遭遇逆風的時候，也都會犯錯。失敗幾乎是**每一種**成功不可或缺的一部分。不過失敗並不是我們以為的好老師。

阿耶萊特．費什巴赫是知名的芝加哥大學布斯商學院研究員與教職員。她以動機和決策研究聞名。她與博士後研究員蘿倫．埃斯克雷伊斯－溫克勒合作，研究「失敗是最好的老師」這理論是否為真。他們一連進行五項實驗，是同一種測試的不同版本。研究對象分組之後，必須回答幾個問題，每個問題都有二種答案。測試並不是考驗研究對象的知識，而是要他們儘量猜對正確答案。

研究人員可能會問的問題包括「十幾歲的人比較喜歡哪一種顏色，紫色還是黃色？」請注意，這個問題並不是正式測試使用的問題，不需要具備特定的知識，也能回答這個問題，而且正確答案只有一個。你應該猜得到，有些人答對，有些人答錯。

二組研究對象在測試結束後，會看到測試結果。一組只能看到**失敗結果**，也就是他們答錯的答案，另一組則只能看到**成功結果**，也就是他們答對的答案。每個問題只有二種答案，因此研究對象看到的**無論**是答對或答錯的答案，都不難推測出「正確」答案。

接下來研究對象再度接受測試，要回答同樣的一批問題。這次就像上次一樣，每一位研究對象，無論是第一次就答對（成功結果），還是第一次就答錯（失敗結果），都不難得知正確答案，畢竟每個問題都只有二種選擇。然而，看到失敗結果的那一組研究對象，第二次測試的成績並沒有進步。

他們第一次答對的問題，第二次也同樣答對，可是，雖然有人明確指出第一次答錯的答案，他們第二次卻還是答錯，沒能學到教訓。而且要記得，研究對象看到的無論是成功結果還是失敗結果，都很容易判斷出正確答案。

費什巴赫與埃斯克雷伊斯—溫克勒後來重複一次這項試驗，想了解箇中原因。他們在實驗增添一些變化，並測試二組研究對象在得知成功或失敗結果之後的自尊值。研究結果顯示，收到失敗結果的研究對象覺得自己的自尊較低。這種感受又稱「自我威脅」。換句話說，他們看見自己答錯的答案，覺得受到威脅。

研究團隊為了證實「自我威脅」確實存在，而且具有負面影響，又進行另一種版本的測試。這一次研究對象看到的是**別人**犯的錯誤，而不是自己犯的錯誤。這是失敗答案唯一能讓研究對象學到東西的一次。研究結果證明，從別人的錯誤，比從自己的錯誤更能學到東西。

恐懼與失敗

恐懼與失敗顯然非常相關。說我們害怕失敗，都還算是輕描淡寫，過度簡化了失敗所能發揮的強大心理學與神經學效應。

這項研究的研究對象顯然失敗了，不是只有得到「失敗結果」的那一組失敗。**每一位**研究對象，都答錯了某些問題。主要的差異在於他們看見的是成功，還是失敗的結果。

費什巴赫的研究結果，說明了為什麼失敗不是我們盛讚的好老師的關鍵：**我們的自我會礙事**。我們既脆弱又傲慢。我們不怎麼願意研究自己的失敗，又怎麼可能從失敗學到東西？

同樣的道理，失敗會嚴重威脅我們的自我，所以我們連看都不想看。哪有什麼經驗或是榜樣，能告訴我們該**怎麼**從失敗學習？我們沒有一個從失敗學習的模式或是計畫。

所以，儘管很多人都這麼說，但失敗其實並不是值得我們尊崇的好老師。失敗頂多只能告訴我們什麼**不該**做。在最壞的情況下，失敗會是我們個人心智模式的禁忌，尷尬到一旦有人指出我們的失敗，我們就會退縮。

失敗辜負了我們

有個朋友跟我說了最近的經驗。他們拜訪一位潛在客戶，覺得談得不順利。很多人都曾遇到這種狀況。但是**然後**呢？

拜訪過後，他們思考談得不順利的**原因**，發現應該把話說得清楚些，也沒跟客戶溝通接下來該怎麼做。他們想讓自己放心，說下次表現會更好，但我沒什麼信心，他們也沒有。

也許你在想：「這不就是一個從失敗學習的例子嗎？」並不是。應該說失敗……呃，辜負了他們。

一、他們的思考並未得出新的見解。

他們回顧與客戶的互動，確實找出了**這一次**的缺失。不知為何，他們卻忽略了一個讓他們先前多次順利成交、必不可少的重要步驟。他們已經有一個能順利成交的框架，只是這一次沒有使用。

他們這次沒能做到，並沒有什麼值得學習的地方，只是突顯出這次有所疏忽，或是他們做事的方法不一致。

二、他們沒能整合思考的心得。

這位朋友也坦言，他們沒有一個程序可以總結出該學到的教訓。他們只是承認有所疏忽，下次會記得。

我們都**以為**自己會記得，有時候也真的會記得。由於很多人相信能從失敗中學習，所以認為只要失敗了，就能自動學到東西，下次表現就會更好，「下次我一定會……」。

你可能也對自己說過類似的話，但我們都知道不見得做得到。我們很忙，我們會忘記。而且我們**都會**再犯同樣的錯誤。

這個人願意花時間思考哪裡出錯，已經很了不起了。很少人會花心思從錯誤歸納出教訓。費什巴赫的研究結果也顯示，我們不太願意思考自己的錯誤。

也不必太自責，從自己的錯誤學到教訓並不容易，也許從來沒人教過我們。我們只是跟大多數人一樣，以為累積經驗，自然而然就能學到東西。但學習遠比這複雜。

從有效的開始

「成人不會從做中學，而是從思考自己做過的事學習。」——美國哲學家約翰．杜威

我喜歡從成功開始說起。這我很清楚。難道不是每個人都這樣嗎？我們在反省自己的過程中，通常都會著重在**出錯**的地方，太在意我們的缺點與缺失。當然這樣做總是一片好意。我們覺得只要解決**那個**錯誤，就能一切順利。我們聚焦在自己的弱點，太急著想消滅自己的弱點，至少改正這些弱點。我們覺得只要改進這方面，一切就會更順利。這話也許**有點**道理，但想克服自己的弱點，最好的辦法是先了解以及善用自身的優勢。

我們若要建設一間房子，並不會參考一張叫我們**不該**做什麼的平面圖。不，平面圖所呈現的，是我們對於穩固的建築物結構的理解，是建構穩固的地基與架構的**核心原則**。

想實踐穩固結構的核心原則，就要先知道正確的樣子**是什麼**。我的這位朋友，以前有過與潛在客戶順利成交的經驗，所以已經知道順利成交是怎麼一回事，應該以這個作為起點。

思考成功的辦法

我要是指導此人，首先會探討他過往成功的辦法。所以我也許會問……

- 以前你是怎麼爭取到理想客戶的？
- 你如何安排與客戶見面？
- 在與客戶見面之前，有無預作準備？若有，又是如何預作準備？
- 你開始說話的時候，手邊通常有什麼？

- 見面的情況如何？
- 你如何結束與潛在客戶的會面？
- 會面之後發生了什麼？

還有更多的問題可以問，但從**這些問題**開始，就能依據過往的成功經驗，找出一個有助於順利成交的簡單框架。目的是依據過往的成功經驗，定出一個以後能照做的程序。更具體地說，是以有用的東西作為基礎。

成功的經驗，是你建構任何框架的基礎。在這個例子，我問的問題可以突顯出先前多次的成功經歷，所共有的條件，可以用於建構她的框架。以下是三個條件：

- 準備工作
- 會面的架構
- 後續追蹤

要建構**她的**框架，首先要稍微仔細研究她的**準備工作**的細節。這一切都是為了建立一個以她的成功經驗為基礎的框架。

這樣的框架會符合她的個人風格，也能反映她的優勢，而且過往還有成功的紀錄。

建立一個簡單的「成功框架」，也能用來檢討每一次的作業。她若失敗，亦可用成功框架檢討是何時犯錯、何地犯錯，又是如何犯錯。也許她忽略了某個步驟，例如「沒有確認接下來該怎麼做」。但先前說過，在這個例子，她的**失敗**在於沒有完整執行成功框架。

既然如此，那她該學到什麼教訓？她該學到的教訓好像只是……**要依照先前有效的作法去做**。這當然是她從先前的成功經驗學到的。

失敗並不是通往成功的捷徑。之所以會失敗，要嘛是執行的問題，要嘛是知識的不足。想彌補知識的**不足**，往往需要向**別人**的成功取經，向別人的**成功框架學**習。

「要像麥可一樣」

我們渴望成功。我們尊崇成功。我們欽佩成功。我們尋求成功。我們想仿效成功的人。呃，我們想仿效的主要是成功，而不是成功人士的奮鬥過程。

最明顯的證據，就是我們追捧成功的運動員。開特力最成功的行銷活動，是麥可・喬丹出鏡的「要像麥可一樣」廣告。麥可・喬丹堪稱是史上最偉大的籃球巨星。廣告主打的，是一整個世代的籃球潛力新星，想模仿他的動作、風格，最重要的是他「飛人」本領的心態。

要注意，開特力並沒有打出「要像麥克一樣失敗」的口號。我是說他們可能有此打算，但我當時不在場，所以也不確定。開特力希望你模仿麥可，至少模仿麥可喝他們家的產品。

另一位NBA傳奇柯比・布萊恩也牢記這檔廣告。柯比完全模仿喬丹的球技，後來自己也成為一代巨星。看這二位球星幾分鐘的 YouTube 影片，就能比較出來，他們的肢體動作簡直一模一樣，連伸出舌頭的樣子都很像。

任誰都會認同柯比．布萊恩是史上前五大最佳籃球員之一。他最為人熟知的特色之一，是「曼巴精神」，簡單說就是**努力不懈做到最好**。

世界各地的籃球場，都能看見柯比談論自己致勝心態的名言，鼓勵各地的球員仿效他的「曼巴精神」。會出現在全球各地體育館的牆上，以及有志成為籃球明星的年輕人臥室海報上的名言，顯然沒有說「要採取失敗心態」。

我們在追求成功的過程中，無論目標有多重要，例如節食、健身目標，或是其他生活方式的改變，無論是提升運動能力、改變一種運動，或是改變一種產業或類型，都會參考別人的**成功**典範。我們想知道成功人士的訣竅，還會看文章與傳記，迫切想知道如何跟自己欽佩的人一樣**成功**。

那我們為什麼還是把失敗奉為最好的老師？

……如何？

你可能已經知道麥可．喬丹高中時期的故事。如果知道，那你看到這一段，可能會想起來。

相傳麥可．喬丹**沒能**進入高中籃球校隊。多年來，這段故事儼然成為神話，是許多人眼中從失敗學習的最佳典範。故事**最初**的版本（也是流傳幾十年的版本），是他被高中校隊**淘汰**。

我們看了這段故事，可能會想到年輕的麥可被校隊趕回家，他滿腦子想的就是要好好努力，明年再來。但其實他並沒有被校隊淘汰，而是他當時的體型與技術的關係，所以被下放到初中校隊（很多籃球員都有類似經歷），加強訓練球技。我們當然可以說他**沒能選上高中校隊**，但還是得仔細說說……

麥可有從這次的失敗，學到有用的東西？麥可說，這次的失敗讓他的鬥志更加高昂。他說：「我每次鍛鍊身體，要是覺得累、覺得想停下來，就會閉上眼睛，想著更衣室的名單上沒有我的名字。一想到這個，通常就會繼續努力。」

也許失敗有這個作用就夠了。但這樣是否足以讓我們把失敗當成老師？我覺得不是。即使這次失敗的經驗，告訴他遇到挫折也要堅持下去，但話又說回來，天底下哪有不懂得堅持的頂尖運動員？

也許當時的麥可還不懂得堅持的可貴，而這樣的經驗**確實**很寶貴，但重點在於：麥可經歷這次失敗，鬥志更加激昂。他確實堅持下去，但他當時若是**繼續**失敗，也許就不會認為努力與堅持是值得的。我的意思是說，**很多**人很努力，卻始終沒選上校隊。

所以，顯然我們必須達到某種程度的成功，**才會**領悟努力是值得的。在麥可的例子，第一次覺得努力是值得的，是他第六度贏得ＮＢＡ總冠軍的時候。他**最初的**成就之一，只是選上校隊。

了解這一點，才能知道成功框架是如何形成的，也才能領悟以成功為基礎繼續努力，又為何如此重要。

定義成功

你的成功的定義是什麼？

在運動界，尤其是對於長年獲勝的隊伍來說，沒奪冠大概就**不叫**成功。這種觀念非常普遍，你要是問頂尖運動員這個問題，會發現他們甚至不太願意說沒奪冠也算成功。

然而，一隻隊伍即使沒能奪冠，甚至連參與爭冠的**資格**都沒有，會影響到每個隊員對於合約談判，以及自己身價的不同說法。

想像一下，會有運動員坐下來談合約，卻宣稱自己沒能奪冠很失敗嗎？他們（或是經紀人）應該會拿出一長串的統計數據，說不定還有精采片段，以彰顯自己應有的身價：雖然沒有奪冠，卻也成功扮演**自己的**角色。

你看吧！成功沒那麼容易定義。何況若以奪冠作為成功的唯一標準，甚至領導者認為沒奪冠就**不叫**成功，這樣運動員就不會有所進步。

成功有許多層面，例如個人層面、團隊層面、部門層面、組織層面等等。有些進展也可算是一種成功，各層面的成功都值得肯定，甚至慶祝。

在二〇二二年賽季末，美國職業棒球大聯盟的休士頓太空人隊拿下分區賽的冠軍。總共有六個分區。季後賽還要幾星期才會開打，但他們仍然在賽後開香檳互相噴灑，慶祝達成小目標。

喔，想必你知道隊裡的每位球員（以及他們各自的經紀人），都會記住自己對這個美國聯盟西區冠軍的貢獻。

為NBA密爾瓦基公鹿隊效力、擁有希臘與奈及利亞雙重國籍的職業籃球員揚尼斯·安戴托昆波，近來暢談成功與失敗。他的觀點不同於「不奪冠即失敗」的看法，令人耳目一新。記者問他，球隊在季後賽早早出局，是否代表他這個賽季算是失敗。

安戴托昆波說：「艾瑞克，你去年問過我一樣的問題。你每年都能升遷嗎？還是每年換新工作？沒有嘛，對不對？所以你職業生涯的每一年都失敗，是不是這樣？」

記者：「不是。」

安戴托昆波：「你每年工作，都在追求一個目標，例如順利升遷，照顧家人，買房子給家人住，或是照顧爸媽。你朝著目標努力（停頓一下），這不叫失敗，這叫一步步邁向成功。

「成功總是要循序漸進的。麥可·喬丹打了十五年的球，拿到六次冠軍，那難道他另外九年都失敗？照你的意思就是這樣。不是，現在是我問你。是不是這樣？」

記者：「不是。」

安戴托昆波：「那你幹嘛這樣問？你的問題有問題。運動界沒有失敗這回事。只有順利的時候，還有不順利的時候。有時候能成功，有時候不能。有時候該你出頭，有時候該別人出頭。運動界就是這樣。沒有常勝將軍。今年是別人奪冠。就這麼簡單。我們明年要卷土重來，要做得更好，要養成好習慣，要打得更好，不要一連十天都打得爛，還希望最終能拿下冠軍。」

NBA的守舊派仍然認為沒奪冠就叫失敗，所以不太能接受安戴托昆波的想法。但還是有不少現役球員認同這種觀念。他們的觀點較為細膩，認為成功並不只是最終的目標，而是一個重複的過程，是一步一步長時間累積。

你所定義的成功

我們對成功的定義，會隨著各人的情況，當然也會隨著目標而大有不同。

成功一詞有很多種定義，能讓人聯想到很多情景，這本書的書名甚至會吸引你花錢購買。書名內的「成功」可能會讓人聯想到某些畫面。每個人對成功的定義不同，但還是有一些共同的主題。

第一個出現的畫面，應該與專業成就有關。藝術能力或運動技藝得到肯定，我們會頒獎表揚這些能力，例如奧斯卡或東尼獎。也許你想到的成功畫面，是奧運金牌，或是贏得世界杯（我不算足球迷，可是喂，世界杯足球賽可是地球上最多人看的運動賽事）。可能你也會聯想到的其他形象，包括發財以及發財之後的奢侈生活。

我們若夠誠實，就會承認大多數人心目中的成功就是這些，至少一開始是這麼想的。畢竟媒體報導的都是這些。媒體會刊登世上最富有的人的名單。還有專門播放運動賽事佳績的電視頻道。可能你也依據這些標準，衡量你自己的成功。說不定你還曾達到這種等級的成功。**嘿，歐普拉，謝謝妳看這本書。**

不過在日常生活中，大多數的人對於成功的定義非常不同。二〇一九年，哈佛大學教授陶德・羅斯創辦的智庫 Populace 發表一項訪問五千二百四十二人的研究，名為「成功指數」。研究結果完全出乎他們預料。他們甚至意外到還多進行了幾次同樣的研究。

他們最感到驚訝的結果，是研究對象以為**其他人**在意的成功定義，包括權力、金錢、地位，以及**自己**的成功定義之間的差異。研究對象**自己**最重視的三個應該成功的領域，是教育、人際關係，以及品格。有趣的是，研究對象的年齡從十八歲至七十歲不等。

顯然，很多人對於成功的定義，與一般人尊崇的不同。我們應該重視的、也是這本書存在的原因之一，就是要提醒大家，**你的成功定義由你自己決定**。Populace 的研究也突顯這一點。如果我們真正在意的是這些，是教育、人際關係，以及品格，那我們應該崇尚、至少要承認這些就是成功。我們從日常生活可以看到不少成功的例子。只是我們不見得認為那是成功，也不見得能理解這些成功的重要性。

以下是我想到的幾種成功：

- 學第二語言
- 學一種樂器

- 找到工作
- 買車子
- 買第一間房子
- 減重
- 完成五公里的馬拉松
- 得到音樂劇的一個角色
- 選上隊伍

這些成功並未得到應有的重視。這些成功的背後，都有一段過程，一則故事，是我最想與你一起挖掘的。因為這些成功，都是每一天或每星期，由看似不重要的決策所累積而成。

我想你在人生的某個階段，曾經應徵、也順利得到一份工作。你所經歷的過程，一路上的每一步，都需要做決定，也要採取某些行動。無論你是否得到朋友或就業顧問的協助，都不能抹滅**你**成功得到工作的事實。整個過程，以及所有的決策與行動，都是**你的**「得到工作的個人成功框架」的一部分。

這只是**一種**表述。我們把「得到工作」換成更寬廣的說法。你「成功讓別人得知，你具備的能力與技能，能滿足他們的需求，對他們的公司也能有所貢獻。」我覺得這聽起來超像銷售與行銷。

你「得到工作」的過程，現在變成更實用的東西。當然步驟也許不同，產品也許不同，但我們了解每個步驟，再稍加調整，就能發展出銷售、拓展人脈，或企業發展的框架。

我們的決策與行動集合在一起，就是我們個人「成功框架」的重要成分。

那我們幹嘛研究哪裡出錯？

布列茲頓是美國麻州劍橋市的小兒科醫師。他最為人所知的，是他在美國公共電視網（PBS）曾經獲得艾美獎的節目「每個嬰兒都知道的事」，也是他引以為傲的成就。

他之所以能與兒童及家庭合作，最重要是他的發展框架，以及他與兒童、家庭合作的方法。他與兒童、家庭合作所採用的「觸點方法」，是一套原則**以及**假設，核心是以發掘優勢為基礎，而且始終有助於了解、重視，以及維繫父母與子女之間的關係。

其中一項原則鼓勵小兒科醫療人員「尋找能了解訣竅的機會。」」。這套原則提供了**思考該怎麼做**的框架。

關於父母的假設，則提供了一個框架，影響了我們與父母、子女合作的方式，也助長一種心態。舉個例子，關於父母的假設「所有的父母都有優點」，以及「所有的父母都**希望**善待子女」，作用在於改變醫療人員與一個家庭合作時的觀點。

珍．辛格博士是一位臨床心理學家，在醫院、學校、社區工作超過四十年。她也是哈佛大學醫學院小兒科醫學與精神病學的助理教授，在世界各地推動「布列茲頓觸點方法」以及「新生兒行為觀察系統」。她在布列茲頓觸點中心領導「早期照顧與教育計畫」，開發改良版的觸點計畫，將預防性的國民健康與心理衛生，納入幼兒教育。

辛格博士幾十年來在布列茲頓觸點中心任職，與布列茲頓醫師密切合作，也是「觸點方法」得以演進的功臣。她分享了一則故事，是布列茲頓醫師以前剛開始指導住院醫師的故事。從這個故事可以看出，只在意失敗會忽略什麼。

布列茲頓醫師在職業生涯早期，在一間健康兒童診所指導哈佛大學醫學院的住院醫師。當時他還沒寫觸點系列書籍，他與家庭合作的「觸點方法」也尚未成熟。他指導的住院醫師，正在健康兒童門診診治一位家長帶來的幼兒。這位家長帶著幼兒前來求醫，顯然擔心孩子「成長遲緩」。

所謂「成長遲緩」，意思是幼兒的體重或體重增加率，遠低於同年齡層或同性別的其他幼兒。成長遲緩的幼兒與兒童，體型遠比同年齡的矮小＊。診斷的關鍵之一，就是找出起因。成長遲緩通常是由疾病或虐待、忽視之類的環境因素造成。

該家長也帶著其他三位較為年長的子女前來門診。布列茲頓醫師在玻璃後方，

＊ www.hopkinsmedicine.org/health/conditions-and-diseases/failure-to-thrive#:~:text=What%20is%20failure%20to%20thrive,other%20children%20the%20same%20age

觀察住院醫師與這一家的互動。住院醫師與每一個家庭見面之後，會先走出診間，與布列茲頓醫師討論心得，再回到診間與病患一家見面。

住院醫師從診間出來，說出所有他觀察到的缺陷。他提到「成長遲緩」，以及那位幼兒還有家人的所有問題。擅於傾聽的布列茲頓醫師，耐心聽著住院醫師說出的病症。住院醫師最後問布列茲頓醫師：「我該怎麼處理『成長遲緩』的問題？」

布列茲頓醫師說：「回去診間，弄清楚他們家的其他三個孩子，為何**沒有**成長遲緩的問題。要搞清楚這位媽媽是如何把他們照顧成既健康又正常成長。」

布列茲頓醫師對住院醫師恰到好處的鼓勵，突顯出我們很難脫離「失敗文化」。在醫療業以及其他幫助他人的行業，從業人員受到的訓練，就是要找出該解決的問題。結果就是醫師只會想到缺陷，畢竟會來就醫的，顯然都是有問題，所以答案一定就在他所看見的一大堆缺陷裡。

布列茲頓醫師所用的方法不同。在這個例子，他鼓勵住院醫師換個角度看問題。這個方法就是他後來發表的「觸點」父母假設，也就是「所有的父母都有長處」的假設。

在這個例子，這位母親撫育的另外三個孩子從表面上看，都很健康。布列茲頓醫師指導這位住院醫師的目的，是讓他明白，了解這位母親**做了什麼**，是有用處的。

一切都很好

這個方法的重點，並不是一味樂觀看待世界，對於缺失視而不見。辛格博士說：「『觸點』的前提，是我們並不會忽視問題。我們不會假裝問題不存在，但解決的方法不是硬碰硬，而是著重在優點。」以優點為基礎的方法，並不是忽視眼前的問題。在這個例子，眼前的問題就是幼兒確實有成長遲緩的問題。這很明顯。但當前的重點，是了解成長遲緩的**起因**。這對孩子以及他們家才有好處。

住院醫師了解這一家人，這位母親，還有她的三位沒有成長遲緩問題的孩子的優點，就能探討診斷的重要關鍵：與**這位**幼兒的疾病可能有關、也可能無關的環境因素。

此外，住院醫師研究這一家幾個健康的孩子，就能深入了解這一家以及三個健康的孩子的日常生活的重要資訊。這等於就是了解這位母親**成功照顧子女的框架**的內容。

雖說不能太武斷，但住院醫師與這位母親聊聊其他幾個顯然很健康的孩子，也能蒐集更多資訊。了解之後，**也許**就能排除環境因素，更快診斷出孩子成長遲緩的真正原因。

布列茲頓醫師的「成功框架」是他所用的方法。他的原則與假設，並不純粹只看一個家庭的樂觀面。而是依據假設，改為重視家庭內部的優點與能力。這些原則是建立人際關係的策略。

這則故事有二個假設（其實不只），有助於住院醫師在回到診間之後建立正確的心態：

所有的父母都有優點。

所有的父母在每個發展階段，都有重要的資訊可分享。

布列茲頓醫師為了了解父母可分享的「重要資訊」，鼓勵住院醫師運用他的二項原則作為策略。

以孩子的行為作為你的語言。

尋找能了解訣竅的機會。

布列茲頓醫師以關於父母的假設，引導住院醫師將注意力集中在這位母親的優點，也了解這位母親也許能提供有助於診斷的**重要資訊**。想得到重要資訊，就要討論其他孩子的健康狀況，以了解這位母親養育三位健康子女的**訣竅**。

這一切都是要維護這位成長遲緩的孩子今生最重要的人際關係，亦即親子關係。

我們的心態若是只看缺失，也就是缺陷與失敗，那就會見樹不見林。習慣了只看失敗，突然要跳到思考優點，說困難都算客氣了。然而，採用思考優點的方法，並不代表就要**忽視**問題。而是正如住院醫師的故事所示，思考優點有助於找出正確的病因。

最後，了解這位母親的優點，包括她成功養育子女的經驗、她個人使用的方法，以及成功養育子女的框架。以此歸納出的重點，就能用於**任何**計畫，以改善這位成長遲緩的孩子的健康。

核心框架

多年前，我們夫妻將剛成立的家庭搬到美國緬因州。當時我們有二個不滿四歲的孩子，還有一個尚未出生。我們夫妻二人都在工作，每天通勤一個多小時。我的妻子是客服中心的經理，我則是與幾位合夥人共同經營一家事業。工時如此漫長，我們剛成立不久的家庭備受壓力。妻子經過公司同意，將工作時間調整到每個禮拜工作四天，減輕了一些壓力。雖說有更多時間陪伴我們的兒子，但這並不夠。

最後，我們決定換一種截然不同的生活方式。我們的目標是減少工作量，其中一人要在家照顧孩子。於是我們決定移居緬因州。那年的二月至五月間，我賣掉公司，我們也賣掉自己的家，梅根離職。我找到了新工作，在一家非營利組織擔任執行長。我們全家搬到緬因州。

幾個月後，我們迎來第三個孩子，也買了新家，在這個家住了將近十二年。在這一年間，我們（刻意）完全改變生活，開始打造真正想要的生活。我們為了達到目的，也不惜讓收入減半。

我回想這段日子，累積的心得都成為我（也是我們夫妻）對於成功的定義。不過你應該可以想像，那一年我們的壓力真的超大。

有趣的是，我們才展開新生活沒多久，就有一位擔任社工的朋友對我說，我們家那段期間的各種狀況，稱得上是「高風險」家庭。

一、我們在十個月內，住在四個地方。

二、我們**夫妻二人**都失業。

三、家裡有新成員誕生。

四、我們的收入減半。

除此之外還有許多逆境。舉個例子，我應徵第一份、甚至第二份工作都沒有錄取。但我們從那段日子學到的東西，與我們的失敗無關，而是與我們**如何**達成目標有關。

當然，並不是區區**一個**決定就能達成目標，而是一連串刻意的小小行動累積而成。我也依據這段經驗，打造出許多自己的成功框架。但如果只看表面，會覺得我們家好像有一堆需要解決的問題。

成功會繁殖

看事情如果只看見有待解決的問題，就很難歸納出往後可以參考的東西。我的意思並不是說，失敗**完全沒有**值得參考之處。只是我們需要拿成功當成對照，才能從失敗中總結出教訓。

例如，韌性與堅持都是良好的特質，往往與經歷過挫折有關。但要懂得堅持，首先必須長期努力，還要得到報酬以及成就感。我們透過成功的角度，才能歸納出值得參考的東西。真正有價值的東西，並不是僅憑堅持、韌性這些人格特質就能得到。而是除了具備**這些**特質之外，還要理解自己是**如何**堅持下來的。

在我先前提到的例子，也就是我們全家移居緬因州、找到新工作，整個過程都是非常刻意地經營的，絕對不是把履歷交出去就能成功。我得到的每一個面試機會，都是先找認識的人商量，再不斷詢問，擴大範圍，直到找到能與我面試的人。

以下是我找到工作的過程簡介：

- 說明我想找的工作與原因
- 想出快狠準的求職內容，包括求職原因，以及我的經歷又能如何加分
- 從我認識的人當中，選出十位能助我一臂之力的人
- 打電話找他們聊聊，告知我的目標，請他們提供建議，幫忙介紹能幫上忙的人

說到底，真正有用的並不是遭拒的失敗經歷，而是一路上不斷累積的小小成功經歷。每一次成功，都讓我在下一次更有信心繼續努力，也更能完善我正在建構的框架。每一次嘗試都離成功越近，機會也變多。即使失敗，我也知道之前走過的每

一步，未來都能派上用場。

失敗幫不了我們。我們從失敗是學不到有用的東西的。失敗只是一時的，只能點出哪裡有問題。成功能教我們的就多出太多了。成功能告訴我們該怎麼做，能告訴我們什麼有用。

建立成功的框架，第一步就是要找出以前有用的辦法，要了解需要什麼，才能再次成功。

第二章
改採有用的策略：成功經驗是共融的

最近幾年的文化有了重大轉變，很多人想要一套共融的解決方案，能解決各層面的問題。這種風潮也延伸到職場，例如種種追求多樣性、平等，以及共融的作為，還有世界各地企業最高層新冒出的職位就是明證。共融的核心之一，就是重視、理解每個人的親身經驗。

安東尼．巴洛斯是 Project Evident 的經理合夥人，也是「行為設計與社會正義中心」的創辦人。他發揮行為科學長才，加強研究受到行為科學或能解決的問題影響最深之人的親身經驗。他不只是提倡更講求共融的方法，而且指出參考當事人親身經驗，就能「避免犯愚蠢的錯誤」，進而**有助於**科學研究：

有一個具備親身經驗的隊友，雖然不能取代好的（也是最新的）情境偵察，但整個團隊確實能因此更快想出更好的見解。重點是，如此即可避開完全由局外人所組成的團隊，所犯下的愚蠢錯誤。這樣一來就能得到更好的解決方案*。

研究從小親身體驗過貧窮與飢餓的人，有助於解決貧窮與飢餓的問題。奇普．希思與丹．希思在著作《學會改變》提出一種改變的框架。他們的框架要素之一，是「找出亮點」。為了說明這個主張，他們分享「救助兒童會」的傑瑞．史特寧的故事。史特寧受到委託，要解決越南兒童營養不良的問題。

你應該可以想像，營養不良是個複雜的問題，根源在於貧窮，難以取得乾淨的飲用水，以及衛生條件及教育水準不佳。但史特寧沒有聚焦在這些大問題上，而是採取不同的策略，亦即研究營養不良的越南兒童親身經歷。他帶領團隊，前往鄉間

* https://behavioralscientist.org/lived-experience-makes-thework-better/

的村莊，與這些兒童的母親談話，藉此蒐集資訊。他們研究蒐集來的資料，發現即使在最貧窮的村莊，也有一些家庭的子女營養充足。

他們發現的「亮點」來自村民的親身經驗，也突顯出這些家庭提供子女飲食的幾個重要差異。具體來說，營養充足的兒童的家庭，一天會提供子女四餐，而不是一般的三餐。史特寧的團隊也發現，營養充足的兒童的母親會增加不同的食材，蒐集小型的蝦蟹，再加入飯中給子女吃。

史特寧從研究結果，歸納出營養不良的解決方案，是依據越南鄉村居民的生活經驗。他並沒有如巴洛斯所言，硬是套用一個「百分之百局外人」組成的團隊所想出的解決方案，也不是只採用行為科學的模型，去改變他人的行為。因此，他不僅能「避免愚蠢的錯誤」，還能更有效、更快解決營養不良的問題。他與他的團隊研究成功的案例，解決營養不良的問題。

救助兒童會就像許多非營利機構，發現了一個問題，也就是兒童營養不良的問題。兒童營養不良是一種失敗，點出了問題是**什麼**、在**哪裡**發生。但從失敗是看不出解決方案的。直接研究受影響最深的一群人，還有他們親身經歷的成功案例，就能得到**解決問題**的框架。

這個成功框架不但能達成理想的目標，還很有可能持久進行，因為這框架就是源自當初要服務的群體。

巴洛斯的主張，依據他自己的說法「並不是新的現象」。他也提出正確的建議，鼓勵各企業不僅要「改變招聘的思維」，更要在企業內部推動重視親身經歷，也鼓勵分享親身經歷的文化：

行為科學的領域，需要更多具有親身經歷的人。應用行為科學只要更能呈現出外面的世界，我們就能避開很多問題。應該要能呈現出所有的社會經濟與教育背景、各種性別表達與性取向，以及所有的種族與族群認同。想像一下，如果像我這樣的人，不必虛擲認知資源思考該怎麼處理這類問題，我們的集體產出會有多大的進步。想像一下，如果有更多經歷可以參考，我們的見解又會提升多少。想像一下，如果我們的團隊更熟悉要解決的問題，就能多設計出許多種不同的干預方案。

史特寧的團隊運用他們的方法，發掘出越南鄉村現有的「成功框架」。巴洛斯鼓勵大家重視親身經驗，以及史特寧在越南鄉村找到成功案例的方法，都是「成功框架」的案例。

巴洛斯必須解決貧窮問題，而他憑藉應用行為科學的經驗，找到**他的**成功框架的重要成分：研究具有親身經驗的人，就能得到最大的效果。

在巴洛斯的例子，成功框架的重要成分，就是找出成功的例子，用於解決問題。

我們看看布列茲頓醫師**另一個**關於父母的假設。我們先前討論過他的假設「所有的父母都有優點」，也得知這個假設改變了一位住院醫師診斷一個家庭的心態。我們現在要看的，是他的「觸點」方法的**第一項**關於父母的假設：父母對自己的孩子瞭若指掌。

如果可以，想像一下，一位訓練有素的小兒科醫師，從頂尖學校畢業，在頂尖的兒童醫院接受全球最頂尖的醫師指導，完成了住院醫師培訓，**而且**還背負巨額助學貸款。**真的假的？絕對是真的**。

多年來，她身邊每一個人，都對她的知識、專業，以及能力讚譽有加。她的醫術精湛，是最搶手的年輕小兒科醫師。

她進入診間，跟憂心忡忡的父母還有他們的孩子第一次見面，立刻就出現了權力不平衡的現象。醫生在醫院，甚至前往辦公室出診，都立刻成為別人眼中的專家，但究竟是什麼的專家？正確答案顯然是小兒科。但身為小兒科專家，也是有侷限的。

身為醫師，她需要病患提供訊息，才能做出最精準的診斷。如果病患是幼兒，那訊息必須來自最了解孩子的人，最懂得**這個**孩子的專家。換句話說，進入診間的醫師與父母都是專家，需要互助合作才能拯救孩子。

醫師與父母採納「**父母**是專家」的假設，就能一起理解孩子的需求。與父母合作一起診斷，就能得到更多資訊，也能更精準診斷。

從這些例子可以看出，從重視缺陷轉為重視優點的心態。除此之外，每個例子也**重視**一個人從「親身經驗」所累積的專業。只要聚焦在優點，重視個人的經驗，就能從經驗中找到解決方案。

想得到解決方案，首先就要積極尋找，也要傾聽別人的經歷，找到成功的例子。

優點以及我們的成功故事

如果你曾經大幅改變飲食，或是培養健康習慣，那你一定失敗過。每個人一旦開始改變，通常都能延續幾星期，甚至幾個月。「這次不一樣」的信念，推動著我們向前邁進。

不久之後，我們漸漸**感受**到健康新生活的效應。睡得更好，精神也更好。我們跟朋友提起，朋友讚美我們身體看起來好多了，我們聽了好得意。

幾個月過去了，原本一切順利，直到**有事**發生。也許是工作的關係必須出差，也許是天上突然掉下來一件急如星火的重要工作，打亂了我們的新生活。也許我們吃不到原本的食物，或是無法再去常去的健身房。也許是時間緊迫，沒空去買東西。在這些情況，我們會暫時拋開新生活的規矩，向誘惑屈服。

我們**養成**的習慣被打破了。當然，我們也許會對自己說，幾天之後就會恢復正常，但幾天變成了一星期。我們漸漸故態復萌，「失敗」了。

聽起來是不是很熟悉？我也覺得。但問題來了：我們可曾檢討這樣的失敗，以從中學習？更重要的是，檢討失敗能學到什麼？

在這一刻，二件事很明顯：

一、我們大幅改變生活方式，也維持了十星期。

二、有事情打斷了我們的新生活，導致新生活完全停擺。

該把時間與注意力放在何處？能從哪裡學到更多？是無法堅持到底的失敗，還是十星期以來、改變了自己的生活與身體的那份堅持努力？

我與客戶合作，通常不怎麼在意失敗的地方。我想知道的是，他們十星期是怎麼堅持下來的？怎麼做到每天去健身房報到？怎麼抗拒誘惑？怎麼有辦法長期只吃健康食物？

我之所以引導客戶先研究這些問題，有幾個原因。首先，我想讓他們**燃起成功**

的情緒，進而了解**此人**是如何一連十星期都能做到健康飲食，改善健康。討論成功的經歷，分析我們**做對**了什麼，可就容易多了。分享整個過程會有趣得多，並且在他人的引導下，討論我們為了堅持下去，所付出的時間與努力，會比較輕鬆。而且，正如費什巴赫的研究所示，我們的自我也不會受傷。

來看看我提出的三個問題的幾個答案，還有幾種可能的答案。

你怎麼做到每天去健身房報到？

我早上必須把一切準備好。所以我買了二個一模一樣的健身包，二套完全一樣的健身設備，還有二個水壺。我整理了二個健身包，把二個水壺裝滿水，放進冰箱。

我準備了二天的衣服，做好出發的準備。

在第一天，我做完運動回到家，把健身包拿到洗衣間清空。

第二天，我運動完回到家，把健身包帶到洗衣間，清洗這二天運動所用的東西。那天晚上我清洗二個水壺，重新裝滿水，重新打包二天所需的東西。

你如何抗拒誘惑？

我把食物儲藏室，還有冰箱裡的那些誘人的食物全部清理掉。只要不在眼前，就吃不到。

你如何做到持之以恒健康飲食？

我在網路上找到一個符合我目標的飲食計畫。我每次去買雜貨，都會擬好購物清單。我規定自己只能買清單上的東西，就能避免衝動購物，也能嚴格按照計畫執行。

我把那些誘人的「壞」食物清理掉，把健康的食物放進食物儲藏室與冰箱。我養成把衣服洗好打包好的習慣，需要的時候就能取用。同樣的道理，我也開始預先準備三餐。我每隔三天，都會做好未來三天的午餐與晚餐放著。我每天早餐都吃一樣的東西，而且都是在家吃。午餐與晚餐比較麻煩。午餐比較不好處理，因為在附近買餐點吃很方便（也會很想這樣做）。晚餐也比較不好處理，因為忙了一整天下來通常很累，所以預先準備好餐點，每天就能吃得更健康。

我們參考過往的成功經歷，參考過往的成功行動，就能緩和自我所受到的創傷。蓋洛普的一項調查也發現，聚焦在自己的長處的員工，參與度與表現均大幅提升*。員工留任率也提高百分之七十三。

* www.gallup.com/learning/248405/strengths-developmentcoaching.aspx

失敗能告訴我們什麼？

我要說清楚，失敗確實能讓我們學到東西。失敗能告訴我們究竟哪裡出錯，比方說一個過程哪裡有問題。

以健康習慣為例，從失敗可以看出我們的習慣哪裡有問題。在這種情況，失敗是有用的，因為可以告訴我們哪些習慣有問題。在上述的例子，脫離了家庭、健身房，還有工作的健康習慣，就會失敗。

失敗**無法**帶給我們的，是**處理**問題的框架。從堅持好習慣十週的故事，可以找到解決問題的方法。

實用的小小行動

我的朋友貝姬·麥克雷與小城鎮及鄉村合作。她與合夥人黛比·布朗向來關懷這些地方以及當地的居民。她們的目標是推動鄉村發展，也打算透過貝姬發明的

「構想友善」框架實現目標。

小鎮與鄉村有不少寶貴的資產，而研究人員發現，擁有一項資產的小鎮最有機會繁榮：願意改變，也願意接受外來人口*。「構想友善」框架的目的，正是要鼓勵小鎮吸收新構想，試過之後再將有用的發揚光大。

這個故事大家很熟悉，甚至覺得有點老套，但你知道是怎麼一回事。大致是這樣的：一個曾經繁榮的小鎮，依賴一家或數家大型企業，例如製造商提供的就業機會。幾十年來，這幾家製造商養活了整個小鎮。如今這些製造商卻一家一家離去，不然就是縮編，再也無法帶動鎮上的經濟。

往後的幾十年，隨著大型企業出走，鎮議會的每一位議員掛在嘴邊的解決方案，就是再找一家企業取而代之。鎮議會也全力尋找、吸引類似的企業，希望鎮上閒置的設備，能有其他製造業者使用。

這種方法在某些情況也許有用，但充其量只是權宜之計。這個問題蔓延的範圍

* www.csmonitor.com/USA/Society/2016/0730/Rural-America-confronts-a-new-class-divide

太廣，即使找到新企業，規模也未必能比得上原先的企業，更何況新企業遲早還是會出走。所以在許多人眼裡，小鎮只會逐步消亡，找來新企業也只不過是延緩消亡的速度而已。

小鎮想吸引新企業，取代出走的舊企業，往往將大半的精力用於尋找能立見速效的企業（也就是大企業）。貝姬與黛比則是鼓勵小鎮成為「構想友善」，「採取小小的行動」。

她們的框架很明確，也很直接，共有三個要素。

- 聚集群眾
- 建立人脈
- 採取小小的行動

你以遠大的願景**聚集群眾**。你邀集大家公開討論自己理想中的小鎮。你提出一個公共對話的焦點，發起你想要的正向對話。

你**建立人脈**，將群眾變成能發揮作用的人際網路。你要安排群眾互相熟識，他們就不只是一群人，而是形成一個網路。你還要提供資源與訓練，群眾才會擁有更多能力。

你和群眾以**小小的**行動實現願景。以小小的行動開始，就能讓更多人參與。願景也會從大到難以實現，變為小到可以達成*。

這說穿了就是發展小鎮的「成功框架」的「成功框架」。她們的「構想友善」方法，比希思的**找出**亮點更為進步，是鼓勵鎮民**創造**小鎮的亮點。

貝姬說，創造亮點的關鍵，就是願意接受新構想，也樂於接受新來源的新構想。有時候也必須消除一些障礙，大家才能測試新構想。

「構想友善」方法有三個重點，其中之一是採取小小的行動，主要就是以盡量簡單的方式測試，不必弄得太複雜。

* https://saveyour.town/idea-friendly-method-explained/

貝姬與黛比與小鎮合作的方式，是拜訪小鎮，與鎮民談談。她們不會只與小鎮的政府官員對話，而是想聽每個鎮民的民意。她們特地拜訪當地的高中生。畢竟美國各州的鄉村，最常見的問題就是擔憂人才外流。小鎮想鼓勵年輕人留下來，至少大學畢業以後能返鄉。

鄉村年輕人最常有的抱怨，是沒有可供休閒娛樂的地方。很多高中生說，哪怕鎮上能有一家甜甜圈店，放學以後可以坐著聊聊，或是週末可以與朋友相聚也不錯。

諸如此類的構想，即使有幸得到回應，也不見得……**友善**。想像一下，一群高中生聊起鎮上應該有間甜甜圈店，他們可以在此見面、喝杯咖啡或熱可可，吃點心玩耍。這些高中生可能某天在教室，跟某一位老師聊起這個話題。一位老師出於好意，也許很想在高中開設「創業」課程，當然會很贊成這個構想。老師在興奮之餘，也獲准與幾位學生一起創辦課後活動的社團。

老師興沖沖跟學生商量甜甜圈店的創業計畫。也邀請講者，以及本地銀行的一位女士，到學校暢談小型企業貸款、信用，以及資本這些主題。老師也請一位本地的開發商，向學生介紹房地產、如何挑選合適的地點，以及購屋、建築，以及修繕貸款。甜甜圈店屬於餐飲服務業，因此也安排當地的執法人員介紹申請衛生證明的事宜。

每一位受邀前來的講者，都留給學生一袋資訊，以及一堆申請表格。要創業不就需要這些嗎？這些是**每個人**的必經過程，這些人也帶領著高中生了解整個過程。

我不曉得你的感受，但我本來興沖沖要創業，卻突然看見一大堆障礙。貝姬與黛比的「構想友善」框架則是截然不同。她們要**現在**就測試構想，而且要以最簡單的方式測試，再採用可行的方案。在**這個**小鎮測試的方法，有點像這樣：

> 我們找一個曾有企業進駐的廢棄場地。
> 放一張折疊桌，還有幾把椅子。
> 問朋友有沒有能搬運東西的推車。再請別人做一個招牌。
> （聚集群眾。）泡咖啡，買幾個甜甜圈，選一個星期五午後，舉辦你

的第一場「戶外咖啡廳」。

黛比建議請一家本地商店捐贈甜甜圈。我的家鄉的商店，每逢地方舉辦小型活動，常會捐贈盤子、杯子，以及餐巾（建立人脈）。

你在「戶外咖啡廳」，以一美元的價格販售甜甜圈與咖啡。遇到好奇前來看看的民眾，就跟他們聊聊你們的創業計畫。

我們第一次舉辦「戶外咖啡廳」，給本地的高中生一個休閒娛樂的地方。

跟朋友、家人，以及過來看看的隨便什麼人聊聊（建立人脈）。

活動結束後，好心想幫忙的高中老師，可以引導學生討論經營的狀況。

我們學到什麼？

哪些地方需要改變？

下次可以試試哪些構想？

以此類推。這就是以容易執行的小小行動，測試構想的方法。

在遊戲化或是遊戲心理學的世界中，任何一款遊戲的第一關與第二關，通常都會設計成較為簡單。玩家才會有成就感，才會有動力與興趣繼續玩下去。行為心理學的研究也證明這一點。例如許多款手機遊戲，前面幾關就是刻意設計得很簡單，讓玩家有成就感，也就有動力繼續玩下去。

設計遊戲的人將最初幾關設計得很簡單，讓你了解遊戲該怎麼玩，也願意繼續玩下去。順利通關很有成就感。你可能也注意到，每完成一個關卡，可能會收到鼓勵或是祝賀的訊息。螢幕會跳出「幹得好！」、「很棒喔！」

你應該預料得到，一關會比一關困難，但難度剛開始只是微幅調升。遊戲商希望你迅速累積一些成績，所以難度雖然會增加，但不會增加太多。你成功闖過更難的關，同樣會得到祝賀與鼓勵：「哇！幹得好，剛才那一關可不容易。」

遊戲一開始會讓你贏得小小的勝利。你就能發展出攻破下一關的策略框架。

「構想友善」方法並不是以遊戲化的概念為基礎，而是以小小的行動作為基礎。

「構想友善」鼓勵你將構想化為「可以立即執行的實際行動」。採取小小行動的目的，是在一開始取勝，就有動力繼續下去。

結構與自由

史特寧想在鄉村找出**成功的範例**（營養充足的兒童），就需要特意尋找鄉村的優點。布列茲頓鼓勵住院醫師，採用的就是類似的方法，尋找病患家庭的優點。這二種方式都需要幾種重要的假設。是的，我們也要拋棄那句說「假設」就會怎樣怎樣的老話。

首先要假設的是，無論問題是什麼，總有優點、專業，而且以史特寧的研究對象為例，鄉村家庭也有辦法養育營養充足的健康兒童。

布列茲頓的「觸點」方法提供了一套原則與假設，也就是一個與病患家庭互動的框架。這個框架具有一個結構，但使用者也有很大的空間，能在任何情況自由運用這個框架。

以「所有的父母都有優點」的假設為例。僅僅是這個假設，就是一個運作的基礎。然後可以研究：如何**發現**這些優點？你應該料想得到，「觸點」有一些能發掘優點的原則。原則與假設的框架提供了架構。至於如何發揮，則是取決於自由與創意。

我們堅持從失敗學習，或是堅持「要在困境中發現自己的本色」的想法是有問題的。而且這種想法也自以為是，因為它以為每個人受到的影響都相同。

我知道自己這輩子走到現在很幸運，有這麼多人出手相助。就算人生全面崩塌，我也有能照應我、引領我重新振作的親朋好友。並不是每個人都有同樣的機會和失敗的空間，更不用說還能從失敗的經驗，學到有用的東西。

我們必須把注意力放在有用的東西，將優點與成功發揚光大，也協助我們服務的對象，發揮他們的優點與成功。

第三章
是框架，不是公式

「結果可能會有所不同。」是世界各地每個法務部門以及行銷團隊都愛說的話，也道盡公式的缺失。這句話的地位與另一句經典行銷台詞相當：「Cascade 洗碗精『幾乎一乾二淨』。」**幾乎**真正的意思是「不見得」。

「結果可能會有所不同。」或「結果並不見得會是如此。」其實是想告訴你，結果**大概不會如你所願**。但無論在運動界還是商業界，我們仍然崇尚成功方程式。我們相信別人的炒作，以為只要完全依照方程式行事就會成功，但我們忘了每種情況不同，變數也太多。我們忘了那句至理名言：「結果可能會有所不同。」

方程式之所以會失效，當然是因為變數。方程式往往被炒作成達成目標的萬靈丹。但每個人情況不同，應該說每個人的情況與能力都大有不同。方程式往往限制太多，而且方程式形成的環境，往往不可能重現。

無論是個人生活還是職業生涯，都沒有成功方程式。情況、環境、技能，以及優點有太多種變化與組合，難以濃縮成一個簡單的方程式。方程式太死板，容不下這些變化或調整。

麥當勞那句知名的簡單推銷話術「要不要搭配薯條？」多年來雖說影響了無數次交易，卻也不是每次都有效。不過麥當勞大概會認為效果好到足稱成功。

在運動界，在教練、隊友、環境、年齡、技能這些變數的影響下，想要完全依循公式，複製成功的經驗，簡直難如登天。當然，你我並不是想成為國家美式足球聯盟等級的四分衛。至少我不想。但很多人都想要速成的解決方案，至少是一套能依循的公式。

在多層次傳銷，也就是直銷的領域，公式經常失靈。所謂直銷事業，就是招攬其他人（下線）加入，販售產品。下線每做成一筆生意，招攬下線的人（也就是上線）就能抽成。招攬的方式有一套劇本，新招攬的下線也要接受訓練，將做生意的機會介紹給可能成為下線的其他人。按照劇本，招募更多下線，就能賺更多錢。直銷就是這麼回事。

然而，根據美國聯邦貿易委員會的統計數據，多層次傳銷的失敗率高達百分之九十九。約翰·泰勒進行的研究發現，「平均而言，多層次傳銷的從業者每五百四十五人當中，有一人在扣除支出後能有所獲利。每一千人當中，有九百九十七人會虧錢（還不包括損失的時間*）。」這項研究並未提及多層次傳銷組織是否合法，不過確實有人對此提出質疑。如此多人受到多層次傳銷吸引，卻又多半失敗的原因，是多層次傳銷必須嚴格按照公式進行。

多層次傳銷公司本身確實能獲利，畢竟整個產業在二〇一八年的總收入為三百五十四億美元**。但要是研究個別的直銷業者，就會發現大多數的問題，是出在必須嚴格執行成功方程式。

* https://centerforinquiry.org/wp-content/uploads/sites/33/quackwatch/taylor.pdf
** www.prnewswire.com/news-releases/new-survey-reveals-73-percent-of-people-who-participate-in-network-marketingopportunities-lose-money-or-make-no-money-300727716.html

也許你曾經參與多層次傳銷。如果沒有，也許曾有親朋好友邀請你試試他們家的產品，也分享他們自己使用的美好經驗。也許你曾經注意到，親朋好友的「邀請」與他們平常說話的風格不太一致。也許是在家族聚會上，你的某位親戚硬是把話題轉到他們正在吃的新款營養補充品，還說吃了之後人生徹底轉變。也許是有人在社群媒體發文標註你。

再次強調，我並不是貶低這樣做的人。這樣做需要勇氣。但之所以會以如此生硬、幾乎是折磨人的方式推銷，**完全**是因為公司教他要按照一套「證實有效」的公式，而且幾乎不能有所變化。

這些劇本教出來的，是很不真誠的溝通。說到底，推銷的目的並不是想提升別人的健康，而是要拓展業務，讓上線以及整個企業都能賺錢。

直銷新手受到的訓練，是必須嚴格遵守推銷方程式。但負責指導的人若是能夠依據每一位新手的優點，**調整**劇本的內容，會如何呢？若是教導新手不要依循嚴格的公式，而是採用一套適用各種情境的原則所形成的框架，會如何呢？也許新手發出的第一封，寄給十位家人的尷尬電子郵件，內容以及給人的感受就會不一樣。

框架能提供堅實的結構，甚至還有一套原則作為基礎。框架的好處，在於保留客製化的空間。框架可以用於各種情況，而且只要支撐框架的基本規則或原則不變，框架就能調整、擴大。

解決問題的框架若能考量各人的差異，運用各人獨有的優點達成目標，就更能永續，也會更為共融。

我從小到大並不是最出色的學生，至少不符合一般的好學生定義，例如拿滿分、在班上名列前茅等等。儘管如此，我還是認為自己還算聰明。我喜歡學習，也向來能迅速理解概念，但我總覺得依循某個公式，或是展示我的作品，是件苦差事。

回顧以往，我發現有時候要符合如此嚴格的規定，是很痛苦的。我現在知道，之所以如此厭惡嚴格的規定，是與我的神經表現特異有關，具體來說是注意力缺失過動症，只是我一直到四十出頭歲才確診。

被要求依循特定的公式，感覺很受限。若是必須依照指示完成每一步，還要記錄每一件完成的項目，不僅毫無發揮創造力的空間，也讓我對本該是很有意思的科目失去興趣。

但我並不是鼓吹**完全不要**結構。

要框架，不要公式

嚴格的公式會讓人覺得受限，框架則是提供一個結構，卻也能依據不同的需求與情況調整。我運用框架，可以打造最適合**我**、我也最得心應手的結構。更重要的是，你可以運用框架，建立能讓**你**最得心應手的結構。

蓋房子有一些通用的原則。房屋有各種風格、型態與大小。但無論是哪一種風格，每一間房屋都採用一種核心的框架：地基、牆壁與支撐，流暢性與功能性的考量，還要有能遮蓋一切的屋頂。

並不是說公式**無用**。只是公式很少考量個別的情況。公式是很脆弱的。只要走錯一步，就會全盤崩潰。而且一旦失敗，大家通常是責怪你不按照公式。

框架則不同。框架具有該有的完整結構，同時也保留客製化的空間。框架能讓你依據房屋居住者的需求，設計房屋。

當然，有時候我們**要的**就是萬靈丹，所以才會採用公式。我們迫切想知道，該怎麼做才能複製我們渴望得到的成功。我只要做到**這個**還有**那個**，就**應該**得到相同的結果。但我們忽視了環境的重要性，更具體地說，是成功得以實現的獨特環境，以及又是由誰來實現。

既然環境不同，我們又豈能照搬同樣的步驟？在一種環境管用的公式，在其他環境也許無用，坦白說，應該不會發揮同樣的作用，否則**每一位**在國家美式足球聯盟效力的四分衛，都能拿到七枚超級盃冠軍戒指。**嘿，湯姆．布雷迪，感謝收看**。

音樂工作者的即興創作也有框架。

音樂當然也有規則。有一些偉大的音樂家突破極限，挑戰不可能。但這些饒富創意的天才，並不能憑空創造出傑作，而是從框架開始。

他們比誰都懂得在框架範圍之內創作。他們一再使用框架，以突破極限。他們找到躲藏在框架之間的靈感，揮灑創造力給世人聆聽。

但一切都要從框架開始。各要素只要一再應用，就會形成能整合一切的結構。

成功框架的要素

想了解成功框架，應該說**你的**成功框架的要素，首先要了解哪種策略在某個情況可用，就能知道哪些要素多半能帶領你走向成功。

有人說：「過往行為最能預測未來表現。」我們現在參考的是成功的例子。我們思考過往的**成功**，目的就是要找出影響我們決策與行為的要素。

我最近輔導一位客戶，討論一個棘手的情況，是要釐清大型專案成本超支的責任歸屬。更糟的是，問題發生在經濟環境不確定性極高的時候。這項專案的成本極高，影響很大。另外，也要考量未來承做其他大型專案的機會。這個情況很特別，壓力很大。我們討論該如何解決問題，也發現他過往成功經歷的二大要素：「我最重視的是人際關係，而且我盡量直來直往。」

- 重視人際關係
- 直來直往

我必須強調，這二項要素並不能構成完整的框架，但仍然是重要的基礎。具備這二項要素，不代表一定能成功。成功框架並不是萬無一失，但確實能大幅提升我們再次成功的機率。

在這個例子，這二項要素成為我們奉行的行事規則或原則。但我們不能停留在這個階段，也必須思考**實踐起來會如何**。

你的原則與規則就是一個框架

大多數人都同意「我們行事是依據一套原則」的概念。我們當然都有一些自己堅信不會違反的原則。

把這些原則變成行動、決策的方針，則完全是另一回事，而且不只是我們認為重要的行動與決策。我們一時選擇的言語與行為，還有我們做出的反應，也是以我們的原則為基礎。

像這樣依據一套原則行事，就是框架的最佳範例。依據原則做出的行為、行動，以及反應，對結果會有莫大的影響。

多層次傳銷界講究的是嚴格依照公式，很少會解釋每個步驟的理由。沒人研究上線為何要求自己的團隊這樣做。

我們**重新架構**你向親朋好友推銷的方法，依據你們之間的關係對你以及對他們的重要性。「重視並理解你與買家的關係。」這有可能是你與潛在買家互動的更大框架裡的一項原則。

運用原則的困難之處，是要在不斷改變的環境運用得當。有趣的是，這也是原則的好處。以原則為基礎的框架的好處，在於可以依據變動的新環境調整，不必違反原則本身。公式就沒有這種彈性。

再說一次：「重視並理解你與買家的關係。」

如果你每次與人對話，都依循這項原則，那你「推銷」或「招募」的方式，會有什麼改變？我們先分析這項原則的各要素。

「重視你們的關係……」這是強調關係的重要性。我們與推銷對象的關係是有價值的，所以我們絕對不會傷害這段關係。恰恰相反，我們若是重視這段關係，也重視對方，就會從在意**自己的**利益、在意公司的利益，改為在意買方的最佳利益。

「理解你們的關係……」這會引導我們思考關係的脈絡。這段關係的基礎是什麼？共同的利益是什麼？這個人重視的是什麼？我對於這個人的利益與需求了解多少？

我們以這種心態，以**重視並理解和買家的關係**的心態推銷，就會想出不同的對話框架。

你會發現，哪怕只依循這**一項**原則，而不是嚴守死板的劇本，無論是談話、寫電子郵件，還是以其他方式和他人接觸，都會更貼心、更切題，也更真誠。最起碼你不會像背書一樣演出一個冷冰冰、不真誠的劇本，傷害這段關係。

要做到這一點當然不容易。套用別人教你說「保證有效」的範本，感覺比自行思考該怎麼表達來得安全。問題是，你個人的成功若是跟指令有所衝突，「上線」就不見得有興趣。而且到頭來，公司寧願怪罪**執行**公式的人，也不願承認公式有問題。畢竟公司才在表揚大會上搬出業績頂尖的人員，就是那些「依循公式」、賺進十萬美元甚至更多的極少數百分之〇．〇五。從數據即可看出，公式只對少數人管用，對大多數人來說卻是無用。

我以前對史蒂芬・柯維的《與成功有約》的批評之一，是缺乏實務方面的建議，也缺乏脈絡與指導。當然，那時的我想要的是該怎麼說、該怎麼做的公式。現在的我若要發表「書評」，會變成柯維的「七個習慣」根本不是習慣，而是原則。

我們把我先前使用過的原則，跟柯維的二項原則比較。

- 第四原則：要思考如何雙贏＝重視關係
- 第五原則：先盡力了解，再努力被人所了解＝了解關係

我欣賞柯維列出的二個例子，是因為這二個例子顯然很重視對方，但也重視我們自己的需求，這當然也很重要。

有時候，我們想到「重視與某人的關係」，通常會把重點放在某人身上。但這只是關係的一半。人際關係本就是互有關連的。我們也要重視身在關係中的自己。

順便說一句。我本來覺得有點尷尬，不想提柯維的例子，因為感覺過時了，而且柯維這麼多年來，已經收穫無數讚譽。但他的例子實在太好，不容錯過。所以，如果在這麼多年後你看到又有人提起柯維，忍不住翻白眼……我也有同感。

開特力與柯比說得對

「要像麥可一樣」這句口號無遠弗屆。方便攜帶。你可以盡情運用。這句話的範圍有點廣，但也類似一項原則，可以是成功框架的一部分。開特力當然希望你所用的方法，有一部分始終與他們的品牌相關，而他們希望你攜帶的**東西**，當然就是他們家的飲料。

「要像麥可一樣」除了叫我們喝跟麥可同款的飲料之外，也引導我們思考：麥可的行為究竟有哪些原則與規則，能讓他如此成功？

同樣的道理，柯比．布萊恩的「曼巴精神」並不是一個公式，而且至少對柯比來說，是一項原則或一套原則。你上 Google 搜尋「曼巴精神」，會找到無數定義，也會找到柯比親自說明「曼巴精神」如何成為一套操作原則，成為他的成功框架：

- 時時追求成為最好的自己
- 追求有目標的充實生活

這些原則對於柯比的運動員生涯，以及他在籃球場下的生活，跟對於你我的意義並不相同。這就是框架的好處，尤其是以原則為基礎的框架。你得以思考框架**對你來說**該有的意義，以及該有的樣貌。

站在中間，等球反彈

我在很久很久以前打過回力球。我還記得我學到二個很特別的道理，立刻改變了我打球的方法。還是新手的我，每次打球總是追著球跑，急著把球打回去。遇到實力跟我差不多的對手，這樣打球倒也沒什麼問題，我也贏過幾場比賽。

有一天，有個我跟朋友都暱稱為「食人族」的先生，邀我打一場回力球。我在長三十二英尺，寬二十一英尺的球場東奔西跑，還是慘敗在他手下。後來他給了我一些指點。

站在中間

我學到的第一個道理，乍聽之下可能會覺得「怎麼可能就這麼簡單？」食人族叫我站在球場中間，雙臂張開。我的臂長再加上球拍的長度，足以涵蓋我與側牆之間的距離的一半以上。他又叫我跨一大步，就能涵蓋我與側牆之間的整個距離。就這麼簡單。跨一大步就能碰到牆壁。

同樣的道理，斜著往前或往後幾步，就是球場的角落。原本在六百七十二平方英尺的球場跑來跑去快累翻，現在只要朝著不同方向跨出幾步就行。

他也叫我每次揮拍過後，都要回到球場中間。

等球反彈

回力球很狡猾，不會像普通的橡膠球那樣彈回。一開始似乎到處彈跳。但球撞到牆壁之後，速度就會下降，而且一旦落地，彈跳的程度還會更弱。

所以發球之後，不要一看到球撞上前方的牆壁，就急著擊球，而是應該等一下。要把握球的二次彈跳之後、似乎停留在空中的那一剎那再揮拍。

站在中間就可以掌握最佳行動位置。

等球反彈就有時間（也有空間）選擇下一拍要將球打向何處。

這就是優秀教練所擅長的。他們看見你手忙腳亂，到處追著球跑，就引導你換個角度思考打球的方式。他們會幫你找到空間，你就有餘裕選擇最佳的反應方式。他們也會提醒你回到球場中間，無論來球的情況為何，你都能從最佳位置擊球。

精神病學家，同時也是納粹大屠殺倖存者的維克多．弗蘭克說：

> 刺激與反應之間有個空間。在這個空間，我們有能力選擇自己的反應。反應蘊含著我們的成長與自由。

我們可以在這個空間，思考自己的行動。我們也在這個空間，思考自己想**如何**運用一項原則，而且通常是在剎那間思考。

弗蘭克的這句話，任誰看了都會覺得超像我的回力球教練對我說的二項原則。**等球反彈**的意思，就是要找到刺激與反應之間的合理空間。而**站在中間**，就最有可能找到這個空間。

運用以原則作為基礎的框架，就能依據情況適度調整，以自己的方式成功。

準備與練習：一個框架

我向來超討厭角色扮演。你們都知道那是怎麼回事。你參加研討會，要研究一種新方法，講師邀請你扮演一種情境。你總覺得這種扮演很尷尬，也很矯情。很多人往往會想：「實際情況怎麼可能會跟演的一樣。」種種原因齊加，當然不可能喜歡角色扮演。**難道只有我這麼認為嗎？**

「做好準備，已經熟練。」

我借用好友凱特說過的這句話。她在Mastermind回答提問，說出這句金玉良言。我們當時聊的主題是信心。她分析做好準備與已經熟練的差別，也談到二項都做到的好處。

簡言之，如果要做簡報，那就務必要將投影片、相關資料，以及筆記整理好。做好準備就有相當的自信。

不過，你對一個主題懂得再多，也不見得就能做出有說服力的簡報，也不見得能將你想表達的意思表達清楚。演說是一種需要練習的技巧。最起碼也要思考時間的安排。節奏與用字遣詞都很重要。有些錯誤要避開，也有一些方法可以提升溝通能力。多練習，就不會犯許多人都有的「呃」、「啊」的尷尬毛病。

我常犯的毛病，是忘了或是不確定接下來的投影片內容。我的大腦總是在思考接下來的內容。我怕會漏說。因為怕忘記，所以在簡報過程中，有時會太早提出一個重點。等到我先前特意**準備**的投影片，過了二張之後才出現我剛才說過的重點，我才發現自己說太早了。

我只要多練習，就能避免這種錯誤。

練習是一種服務

也許你很少做簡報。不過我想你應該會有其他機會。也許是測試，或是預演一連串的活動，確認整個過程沒有問題。無論是哪一種性質，這一步也是一種練習，都是在服務你要服務的對象。練習不僅能提升信心，也展現你在乎客戶的誠意。

我們現在把這些變成一個簡單、可一再使用，也能應用在多種狀況的框架。無論你的目的為何，這個框架都能增強你的信心。

- 準備：蒐集資訊，預備一切所需。
- 練習：排演、檢討、測試，走過一遍。
- 潤飾：花更多時間改進需要改進的地方。
- 發表：向觀眾發表你的產品或簡報。

會有這個框架，是因為累積了成功簡報的經驗，並分析簡報之所以成功的原因。我知道無論自己做什麼，做好準備與預先練習都有好處。

十公里長跑也是一樣。我能做到下列各項，表現就會更好：

- 備好所需的一切，為比賽**做好準備**
- **練習**跑步以鍛鍊耐力
- **精進**比賽的重要部分（最後衝刺，調整起跑的速度）
- 在比賽當天**呈現**最好的表現

這是一個一貫的、可一再使用，也能應用於各種情況的框架，能讓成功的機率大增。

有框架有益無害

好的成功框架的優點，在於能一再使用，亦可應用在各種情況，而且很多人都能使用。

我們想到軍隊，通常會聯想到**精準**一詞。不過你應該知道，無論是決策還是決定該怎麼做，要考慮的變數極多。而且很多決策都攸關生死，事關重大。戰略競賽的結果顯示，最成功的軍事戰略是OODA循環，也就是：

- O：觀察
- O：調整
- D：決定
- A：行動

觀察：我現在在哪裡？處在什麼情況？

調整：好，我現在在這個地方。我打算這樣做。我會讓自己適應這種方法（與之合而為一）。

決定：我打算走這條路。

行動：我正在做這個。我在執行。我在採取行動。

這種軍事戰略是一個框架，能讓你還有你領導的人順利度過困境。這種框架並不是一個具體的公式，不會**告訴**你該怎麼做，或是該如何回應。而是發揮框架應有的功能，助你度過難關。框架的每一個要素都會引導你停下來思考，而不是立刻針對所處的情況做出反應。框架提供一個結構，我們可以暫時停留在刺激與反應之間的空間，先吸收資訊再決策與行動。

框架的用處

約翰．斯旺森是醫院的牧師。在此之前，他在二家教會當牧師，但很多人是透過他在 300wordsaday.com 發表的文章，才熟悉他。

將近二十年來，約翰時時在網路上發表他的想法。社群媒體剛問世不久，他就開始使用，也在推特剛推出之際，認識許多推友，因此得到「社群媒體牧師」的稱號。

他的文章，更具體地說是他和藹貼心的話語，指導很多對宗教所知不多的人，以新的方式思考自己的信仰。他如此貼心細膩，再加上智慧與深切的同理心，才能引導這麼多人重新思考傷慟，也重新思考該如何幫助痛失至親的人。

約翰身為醫院牧師，親眼目睹痛失至親的人所承受的打擊。各位應該可以想像，遇到這種情形，大多數人連該說什麼都不知道，更不用說該做什麼。該如何安慰剛失去孩子的父母？

重新設定傷慟的框架

約翰寫了一本書，書名叫做 *This Is Hard: What I Say When a Loved One Dies*（《這很不容易：我對痛失至親之人說的話》）。僅僅是書名，即可看出他的貼心細膩。

你會怎麼唸這個書名？你會強調哪裡？

這本書的第一章，結尾的一句話就可以有三種版本：

- **這**很不容易。
- 這**很**不容易。
- 這很**不容易**。

短短五個字的一句話，就有這麼多可能性。用框架整理事物就是如此。框架能帶領我們，也能讓你依據自身情況調整。

畢竟約翰在他這本書的序言說得對：「誰也沒經歷過這個人死去，而且這輩子也不會經歷第二次。」

那副標題呢？坦白說我的解讀並不正確。我想的是「痛失至親後**該**說什麼。」這也突顯出約翰的方法微妙之處。「該」乍看之下**確實**很有幫助。畢竟剛剛失去至親的人，迫切想要一盞明燈。但傷慟並沒有那麼簡單。約翰也知道，直接給答案，等於忽視了每一個傷慟的獨特之處，也忽視了我們複雜的情緒，還有傷慟的沉重。

約翰在書名用「我」這個字，架構出一場關於傷慟的對話，開門見山承認處理傷慟並不容易，也引導我們思考他說的話，還有他在說任何話、做任何事之前，又**思考**了什麼。

他說了許多鼓勵的話，其中我特別認同的是「要記住最好的時光，不是最後的時刻。」這句話體貼入微又別具意義，不僅重新塑造我們的框架，也重新調整我們的方向。我們得以透過不同的角度看事情，無論在何種情況，都能看見最好的一面。

他在整本書屢屢提到他對傷慟之人所說的話。每句話都經過深思熟慮，承認對方受到獨一無二的打擊，要克服並不容易，也闡述我們對自己的某些期待，反而帶給自己莫大的壓力。

我寫下這段文字的時候，正處於傷慟期。等到各位看到這裡，我應該還沒走出傷慟，約翰的方法不僅讓我重新理解傷慟，也擺脫了我加諸在自己身上的期待。

打造習慣的框架

我的生活大致可以濃縮成六個簡單的習慣：

- 開始
- 結束
- 吃飯
- 睡覺
- 運動
- 聯繫感情

就這麼簡單。

當然，每個習慣並不是區區二字可以概括。例如「聯繫感情」就提醒了我要挪出時間給家人，每星期跟媽媽聊個幾次，打電話給朋友，在網路上與人交流，騰出時間與空間思考自己的人生。

但對我來說，有一個習慣是一切的基礎。這個習慣也不是區區二個字能涵蓋的：**結束**。

想要成功，最有效的日常習慣，是在每一天畫下完美的句點。我要強調，我所謂的結束，並不是一種終止或是完成。「結束」對我來說，是做好準備，打造最精采的明天。

在一天的結尾準時上床睡覺，應該就能得到充足的**睡眠**。

在一個工作天的結尾細細規畫明天，代表明天就會有好的**開始**。

在一天的結尾把廚房整理好，或是搞定咖啡機之類的小事，代表明天醒來就有新鮮的咖啡可以喝，還有乾淨的廚房可以料理早餐，可以**吃**得很營養。

在一天的結尾，思考明天要做什麼運動，準備好需用的裝備，代表我會增加**運動量**。

在一天的結尾，挪出時間與空間和女兒一起散步，或是跟朋友通電話，代表我重視這些關係，也跟這些人**聯繫感情**。

我喜歡在忙了一天之後，花點時間自己思考：「明天會需要些什麼？」

我覺得所謂結束，並不是咬牙挺過馬拉松的最後一哩路，為自己的決心與毅力感到自豪。而是知道自己已經為明天的征程，做了最好的準備，這才上床睡覺。

框架能開啟我們的創造力

萬用的方法很少對我們有好處。簡言之，能否在一個領域成功，牽涉到的因素太多，很難有一個萬用的成功法。

- 環境
- 天生的優點與能力
- 動機
- 目標
- 過往經驗

你的事業跟我的不一樣。就算一樣，我們也許處於不同的成長與演進階段。因此，我們不可能知道你究竟需要什麼，所以也沒有必要要你嚴格依循某個公式。真正**該做**的，是了解你是誰、你要服務的對象是誰，又該如何服務。要知道**你**為**你的**事業設定了哪些目標。要**了解**自己。

不過我能確定的是，做任何事情有個框架都有好處。尤其是找出好用的框架，就能大肆發揮創造力。

我們每天都要做一些不需要創造力的事情。然而有些人對我說，他們即使是最尋常的例行公事，都處理的很隨意。隨便看看電子郵件。看心情處理專案，把平凡無奇的工作，當成揮灑創意的畫布。

這些都會耗盡我們的心力。但我們若能有一點結構，也就是框架，反而能找到我們想要的自由，還有我們一心想揮灑的創造力。創造力是為紀律服務的，而例行公事也要以紀律執行。

我們以簡單的方法，一貫的方式完成工作，就能將心力的耗損降至最低。還能在事業、人生發揮創造力。別把構想與靈感，虛擲在不值得的事情上。應該要打造框架，把創造力用在該用的地方。

依循成功方程式最大的問題，是會失去人性。我們不是機器，無法依據執行方程式的嚴格標準，一再重複精準的動作。我們有缺陷。我們有細微的差異。我們並不是過著與世隔絕的生活。

成功框架的核心，就是讓我們**找回**人性。找回自己的人性，也找回我們與其他人的關係的人性。

第二部

找回人性

第四章
創造空間：別苦苦奮鬥

我們頌揚忙碌與奮鬥的心態，然而這樣反而對自己**和**效力的組織都有害。努力工作當然沒有錯，問題是有些人誤以為只要努力工作，職業生涯就能成功（也能發大財）。

除此之外，常有人以為「花很多時間工作」，就等於「努力工作」，所以會推崇最早上班、最晚下班的人，卻**忽略了**把工作擺在生活的第一位所要付出的代價。

你衡量自己的人生，也許會覺得值得付出這樣的代價。但你若是企業的領導者，那你顯然會意識到，現在已無法塑造「工作第一」的文化，也不能指望每個人都把工作放在第一位。我們要摒棄「犧牲才能換得**所謂的**成功」的心態。

對某些人來說，為了追求職業生涯以及金錢上的成就，所付出的代價確實值得。也許你完全能接受加班到很晚，無法與家人共進晚餐，也無暇參加子女的活動，而是選擇以別的方式陪伴家人。也許你在現在的人生階段，根本不需要陪伴家人，所以有餘裕長時間工作。

但企業中每個員工的背景、境況、文化價值觀與個人價值觀差異很大，絕不能一概而論，要求人人以工作為優先，那未免有失公平，也欠缺包容的胸懷。

一記警鐘

新冠疫情徹底改變了我們工作的方式。企業不得不接受遠距工作的概念，給員工全新的選擇。

因為那段時間，很多人長時間不必按表操課，得以思考與雇主的關係。很多人也發現，再也不值得為了薪水與福利，付出這些代價。再也不需要每天早上花那麼多時間，就為了出門工作。再也不需要依據交通狀況，挪出時間應付長時間通勤，或是花時間打理專業風格的衣著。

女性尤其是如此。女性承擔的家務比起男性，是不成比例地多*。況且很多人認為女性在職場的衣著，該有一定的專業形象，因此職場女性必須承受莫大壓力，付出巨額成本，尤其是時間。

新冠疫情也徹底改變了領導與管理的許多層面。除了改變了企業經商的方式，員工**自己**也重新評估工作方式，思考是否該用時間，換取薪酬與福利。

「時代在改變。」

二十四小時

這很不容易。這是我有位姻親突然過世之後，我的朋友約翰・斯旺森安慰我的話**。也許他說的是：「這**很**不容易。」也許是「這很**不容易**。」喪慟是個奇妙

* https://news.gallup.com/poll/283979/women-handle-mainhousehold-tasks.aspx
** https://300wordsaday.com

的東西。他說的話的這幾種版本，分別在不同的時候發揮用處。處於喪慟之中，對時間會有不同的感覺，這是由許多原因所引起。

多年來我常說一句不太該說的話，大致的意思是：「每個人都一樣有二十四小時。重點在於如何運用。」聽過嗎？

各社群媒體平台經常可以看到這句話的不同版本，往往是由想激勵他人、發揮影響力的人所發表。這些人個個都相信，努力不懈，堅持奮鬥，是成功的不二法門，也想散播這種心態。

我現在不喜歡這句話，超討厭。我之所以轉而認為這句話有害，並不只是因為痛失至親。

不對，我們並不是**一樣**每天都有二十四小時。在我們所處的世界，一天是有二十四小時，但每個人的二十四小時很不一樣。舉個例子，如果一件事情**我**只要十五分鐘就能完成，而一位身體有缺陷的人需要四十五分鐘才能完成，那此人與我擁有的時間就不一樣。

歷經了家人驟逝的慘劇，我發覺即使我把時間安排得再好，運用最佳的時間管理架構，卻還是常常發呆，一發呆就很久。那位姻親死後不久的某一天早晨，我跟妻子一起哭了一小時，聊起失去至親的刻骨之痛，以及聯想到的痛苦回憶。

你若經歷過喪慟，就會知道在喪慟的日子裡，對時間的感受會截然不同。跟僅僅幾週前就大有不同。

我們夫妻倆都是企業主。我們都在家工作。在那幾個禮拜，工作與事業帶給我們的感受變了。我們也接受這種改變。值得一提的是，我們能接受這一點，是**莫大的幸運**。不過平常只需要幾小時就能做完的事，在那陣子就得花上幾天才能完成。喪慟會影響一切，尤其是時間。

很難不落入老套的勵志話語的陷阱。這些話語能廣為流傳，是有原因的。我們有時候看了這些話語，會覺得很勵志，也會因此重新思考如何運用現有的時間。這樣想並沒有什麼不對。但把這些勵志話語當成不可違反的鐵律不僅錯誤，更是有害。

所以這個世界雖說一天有二十四小時，但每個人的二十四小時並**不**相同。有時候這是因為我的好友約翰說得對：「這很**不容易**＊。」

但會影響我們與時間的關係的，不只是悲慟，也不只是身有殘疾。*Glamour* 雜誌最近進行一項有趣又聰明的實驗，突顯男性與女性運用時間的差異有多大。我在這裡提到這項實驗，也知道這項實驗唯一的重點是男女的差異。不過從這項實驗，還是可以看出時間對於某些群體的影響。或許也能看出區分得如此清楚，會引發什麼樣的問題。

Glamour 雜誌列出男性與女性從起床開始，一整天下來「**共有**」的例行事項以及其他經驗**。包括一天當中看似不甚重要的事情。其中一個例子，是男女洗頭髮的時間差異。原來女性洗頭髮的時間，比男性多一分鐘。相信我，東一分鐘西一分鐘，累積起來是很可觀的。在這個例子，一天多一分鐘，一年累積下來就超過六小時。坦白說，我很驚訝只有這麼少。

這項研究的結論，是在現代社會「做一個女性」，比「做一個男性」**一年多花**

* www.amazon.com/This-Hard-What-When-Loved/dp/B0939M9R6M/ref=tmm_pap_swatch_0?_encoding=UTF8&qid=1664989991&sr=8-1&inf_contact_key=9fff91716c8bb61383dff2e449c4f991f651f238aa2edbb9c8b7cff03e0b16a0

** https://hellogiggles.com/time-takes-woman-man/

十五天。女性一年擁有的時間，比男性少百分之四．一。而且會有這種差異，並不是「運用時間的方式不同」那麼簡單，那十五天當中，有十六個小時純粹是在**排隊等待使用洗手間**。

換算成每小時的差異，就是要完成同樣的事情，男性有一小時的時間，而女性卻只有五十七．五分鐘。以一個工作天九小時來說，女性比男性少了將近二十三分鐘。

剛才說過，肢體殘障人士能運用的時間，**必然**與其他人不同，要比別人多花時間準備出門上班，通勤所花費的時間也比別人多。而這些多付出的時間，也許就是睡眠時間比別人少、陪伴家人的時間比別人少，或是完成一些活動之後，要比別人休息得更久，隔天才能重返職場。

每個人的二十四小時不可能**相同**！說「每個人同樣有二十四小時」，是忽視了我們擁有的優勢，還有我們為了追求自己心目中的成功，所付出的代價、所做出的犧牲。

承認現實

過去幾年來，有個主題開始變得熱門，最起碼已經達到了**迷因等級**。至於能不能更進一步普及，目前不得而知。這句話大致的意思是：「要體諒別人，因為你不知道別人遇到什麼難關。」

我不知道我的解讀是否正確，但我認為這句話的意思是：別人就算對我們冷淡，甚至輕慢，我們也該稍微體諒一些。也許對方的人生正處於低潮、悲痛、財務危機、三餐不繼、離婚、身體有恙、心靈創傷等等。

再次強調，我不確定我們能否**做到**體諒，但有人提出來，總是件好事。

我對自己向來要求很高，也一天到晚辜負自己的期待。儘管如此，還有另一句廣為流傳的勵志話語是這麼說的：「不找藉口。」我並不認同「不找藉口」的心態，至少是不認同這種心態常見的應用方式。大喊「不找藉口」，短時間可能覺得很勵志，卻常常忽視我們的**現實**狀況。

不曉得你看不看高爾夫球比賽。我平常很少看，不過通常不會錯過重要賽事。

我有時候會打開比賽，但沒認真看。有一天我打開比賽，一邊做其他的事情，後來聽見世界頂尖的高爾夫球大師賈斯汀．羅斯接受訪問，就豎起耳朵。

在一場重要的高爾夫球錦標賽，羅斯表現不佳，很快就被淘汰。他在賽後的訪問，回顧那天的表現。他說自己「不夠專注」。

「我覺得干擾很多。感覺觀眾越來越少。大家都在往回家的路上前進。場外有很多動靜。時間越來越晚，影子也越來越長。在最後階段，要處理、要思考的事情變得很多。」

坦白說，這話聽起來很像在為自己表現欠佳找藉口，推給外部因素。畢竟身為職業高爾夫球員，本就該習慣場邊的移動、談話，還有令人分心的影子。但他說的不只這些。

羅斯接著說：「但我不太能適應。」就這麼一句話，他就從找一大堆藉口，變成說出他必須因應的現實。他也為自己在這種情況的表現負責。

我不喜歡「不找藉口」心態的原因之一，是這種心態有時會遮蓋我們所面臨的現實。我們承認現實，就不是找藉口。我們要是覺得思考所處的困境，就等於在找藉口，那就很難掌握自身面臨的全局。要是怕自己犯了找藉口的錯誤，就會以為遇到任何難關，唯一的辦法就是「更加努力」或「咬牙挺過去」。

我們應該像賈斯汀·羅斯，坦然接受所處的環境。我們仔細留意，徹底了解所處的環境，才能更明白「該如何適應」。

創造空間

不久之前，我發現我有「等候室」障礙。就是那種要你在附近待命，**以防萬一**，也不知道要等多久。也許是一小時……**或三小時**。

我不曉得你怎麼想，但我碰到這種狀況很不耐煩。我喜歡把時間規畫得妥當一些。當然，我立刻開始思考該如何善用每一分鐘。這些時間能用來做什麼？我可不想白白浪費。

我想在附近處理幾件雜事，待辦事項就迅速增加，想盡量多塞一些事情。然後我會立即不去想這些事情，乾脆全都放掉不做，而是享受寧靜的片刻。

靜靜地什麼都不做，並不叫做欠缺生產力

我們常常把寧靜跟耍廢畫上等號。我們一安靜下來，反而不自在。試試看待在車子裡二十分鐘，不開收音機。最好能數數你多少次想伸手打開收音機。試試在商店排隊時，把手機放在口袋裡。或是純粹試試靜靜等待超過十五分鐘，等什麼都可以。

我們一安靜下來，就要找事情做，拿出手機，看看……反正隨便看看。我老是這樣。我還主張要把握時間增強生產力，例如回覆幾封電子郵件。但有時候什麼也不做，也是一種成就。

其實我們的大腦偶爾需要安靜。我們偶爾需要讓大腦放空，注意力稍微分散一些。大腦能享受安靜清閒的片刻，才能理出頭緒，也才能有構想。我們不再一安靜下來就忙著找事做，就會有靈感。

做什麼就對了？

我的好友雪莉最喜歡的一句話是：「不要只是做就對了。站在那裡。」

很多人**老是**想要「**做就對了**」。Nike有句知名的口號「做就對了（Just Do It™）」，但我們要是不清楚要做「什麼」，那「做就對了」也沒什麼用。這就是安靜的作用，因為我們先暫停，不做任何事情，哪怕再怎麼短暫，要做的「什麼」就會自動浮現。也許你的安靜是禱告或冥想。也許你只是專注呼吸。也許你一臉驚奇望著蜘蛛網，或是夏末的夜空。重點是停下來。重點是靜靜坐著等待。

我們常被要求要**奮鬥**才能成功，所以很難挪出寧靜的片刻。但我可以打包票，安靜就跟你的待辦事項上的任何項目一樣重要。

我在等候室的靜默狀態，並不會一直持續，也不需要一直持續。但安靜的時光**確實**是種享受。我的思考變得清晰，最後我也輕鬆回歸幾項簡單的事情。我不再汲汲營營，也很感恩能享有安靜的片刻，感恩自己有能力選擇安靜。

離去的價值

你可曾被難以解決的問題難倒？還是只有我會這樣？

在這種情況，我的頭腦會有點混亂，會越來越生氣，甚至憤怒。多半是因為我知道答案就在我眼前，但我偏偏看不見。

我遇到這種狀況，通常有點兩難。在一方面，我覺得應該要堅持下去。在另一方面，我知道自己需要休息。我的腦海有個聲音要我**更加努力，堅持到底，拚搏是一種高尚的行為**。有個聲音在吶喊，說我要是放棄就**太丟臉**了。

然而到了最後，怒氣累積到一個程度，我**不得不離開**。但只要過一小時或一天，有時候是一週，我就一定會想到解決的辦法，就能解決問題，沒有一次例外。研究也證實有這種現象。暫時離開，雖然不是直接處理問題，但我們的意識就能稍事休息，由潛意識接手。

稍微遠離

用最簡單的話解釋，就是大腦太累了，已無力再繼續解決問題。堅持到底也無用。所以應該讓大腦有休息的空間，才能想出有創意的構想。

我現在換個方式處理這些狀況。我把暫時脫離當成成功框架的重要成分，**每次**陷入困境，就會運用這個框架。我發覺自己越來越沮喪，就會暫時遠離問題。我覺得重點並不是給自己空間思考問題，而是暫時不與問題正面對決，相信自己之後會想到更好的辦法。

有時候我們可以從思考中得到新的構想。我的朋友克里斯·布羅根向來鼓勵別人多看看跟自己的行業**無關**的書，從中獲取新的構想與靈感：

> 有人對自己的工作感到厭煩，我給的建議永遠是去學新的東西。學得更多，對誰都沒有壞處。你學到的新東西，不見得是你追求的，甚至不是你需要的，但總是一門學問。天下沒有白做的學問……要多涉獵與你現在的工作與情況**無關**的學問。

如果你從事銷售工作，最近業績平平，那與其拿起探討「七位數業績」的最新書籍，還不如閱讀完全不同領域的書籍，例如阿比迪·諾爾·伊夫汀的回憶錄 *Call* *me American**。

要學會在什麼時候暫時抽離眼前的問題，或是思考完全不同的東西。畢竟僅憑意志力，是不可能解決問題的。

時間的挑戰：一項練習

我們不但並非「一樣一天擁有二十四小時」，還經常低估達成目標所需的時間。我常說：「你的一天，就是你的一週，也是你的一個月，也是你的一年。」這是一種簡單有效的方法，檢視你的年度目標，分解成每日該完成的事項。

舉個例子，你希望年營收達到十二萬美元，那每個月就要達到一萬美元左右，應該說每星期是二千三百〇九美元。我們也可以繼續細分，訂出每日行動計畫以達成目標。

* www.callmeamerican.com/

但我想加入一些細微的變化。你希望的樣貌是什麼？我們的目標，是要在忙碌的生活中找到空間，把注意力與時間用在該用的地方。努力並不只是為了最終的結果。更具體地說，我們在追求結果的過程中，可以將一年（以及一年當中的每一天）塑造成想要的樣子。

但在追求目標的過程中，我們不見得會思考要保留多少時間，給工作以外的事情，至少一開始不會。我們知道會有放假的日子，也會有假期。我們知道有時會較忙碌，有時會較清閒。但我們在規畫的時候，不見得會想到這些。但忽視這些變數，對於自己在一段時間內能完成的事情，就容易有不切實際的期待。

真的是五十二嗎？

我在一張紙上寫出一至五十二的數字。又在每個數字旁邊，寫下一年每星期的日期。我規畫其中的幾個禮拜作為假期，完全不工作，只陪伴親朋好友。

我也標出子女學校放假的那幾個禮拜。在那幾個禮拜，我會刻意減少工作量。我會留意生活中的某些週期的起伏，例如學年何時開始、何時結束，才能幫助子女調適。在這幾個禮拜，一家人的生活一開始往往有點混亂，要花點時間才能適應新的作息。

去掉這幾個星期，我剩下三十六個完整的星期。儘管如此，有幾個星期不如其他星期忙碌。例如我沒有特地標出星期一放假的那幾個禮拜。結果是三十六週與五十二週的工作量就相差很遠。

我覺得這項練習最大的好處是：

- 規畫一年的時間，可以優先規畫與家人相處的時間。我會預先騰出大量時間給家人。
- 總有些必須處理的事情（假日、學校放假，還有適應新生活的那幾個禮拜）。**預先想到**這些事情，就能**納入**整個計畫。
- 我看著這一年想達成的目標，也完全清楚有多少時間可以達成目標。其實是三十六週，不是五十二週。

回過頭來看看營收目標的例子。只有三十六個完整的星期可以實現目標，就代表我每週需要達到三千三百三十三美元的營收。

我要說清楚，在學校放假，或是適應新生活的那幾週，我並不是完全不工作。只是工作所占的時間比例不同。在那幾個禮拜，我的工作比重與生產力都會較低。然後呢？接下來我要觀察我們的業績在各季通常會有的波動。一年當中難免會有員工離職、業績下降的時候，至少就我們的經驗是如此。

我的妻子梅根經營攝影事業，一年當中總有幾個月完全不拍攝照片。她多半是在戶外拍攝。我們住在美國緬因州。冬季的生意較少。同樣的道理，她每年夏末都有一大堆畢業照的案件。這是她的淡旺季。

每家企業都有淡旺季，了解淡旺季，就能預先規畫。我們當然也要保留一些時間給自己，還有家人。

從這裡開始，看看究竟有多少時間可以達成目標。

試試這項練習：我們夫妻都是自營工作者，時間規畫很有彈性。如果我在企業工作，那計算的結果會有不同，但計算的方法是一樣的。我依據自己扮演的角色，審慎評估我的休息時間，公司許可的放假日，以及我所了解的公司的淡旺季。然後，我再走過同樣的流程。我還是會先預留陪伴家人的時間。這項練習的簡單範本，請參閱網站 robhatch.com/52。

我們最終的目的，是要承認時間資源有限的現實，也要接受我們與時間的真實關係。我們在建立運用時間的框架的過程中，也要注意別人的現實情況與我們不同。

第五章 解構我們的成功故事

並不是每一個成功框架，都是個人親自建構的。我們會學習、借鑑、採納、測試，吸收有用的東西，最後形成自己的成功框架。

成功框架是由具體行動所引發的一連串操作與條件，通常會造就成功的結果：

- 操作：你的行動
- 條件：你的需求
- 行動：你怎麼做

我們都有成功的經驗。你在某些科目得高分的經驗，比你被當掉的經驗更值得參考。

- 你如何得到上一份工作？
- 你如何拿下最大客戶？
- 你如何減重？
- 你如何堅持運動的習慣？

我們的成功經歷有一些重要內容，從中可以看出我們如何成功，為何成功，又該如何以同樣的方式再次成功。

讓自己或其他人成功的關鍵之一，是培養韌性。人生難免會遇到逆境，擁有韌性，也就是卡蘿·杜維克所謂的成長心態，是克服逆境的一大關鍵。

定型心態只重視結果。倘若失敗，或是沒能做到頂尖，那一切都白費。成長心態則是重視過程，不計結果。懷抱成長心態的人會解決問題，規畫新路線，處理重要的問題。也許還沒找到癌症的療法，但努力的過程深具意義。

——卡蘿·杜維克，《心態致勝》

韌性是成功的基礎。所謂韌性，就是失敗過後勇於再度嘗試。但有時候我們太專注於不順利的地方，忽視了順利的部分。

留存紀錄

美國北達科他州米爾諾市的人口為七百人。卡蘿·彼得森是米爾諾市的經濟發展總監。這座城市就像美國各地的許多小城市，多年來也改變了不少。

許多美國小城市所謂的改變，意思是經濟衰退。長期在這些城市耕耘的企業，也就是當地經濟的火車頭，一一撤離。難怪鄉村地區會有人說：

- 空置的建築物太多
- 再也沒有人想住在這裡

- 沒有新來的企業
- 越來越多企業倒閉

說這些話的人，會開車到鄰近城市的沃爾瑪，或是麥當勞得來速，不會惠顧本地商家。不過還是不要討論這些了，免得離題。

卡蘿·彼得森在經濟發展總監任內，跟這些唱反調的人打過交道。這些人一天到晚批評這座城市原地踏步。

我常常聽見市民（唱反調的人）說我們是一灘死水，毫無進步可言……但我有數據可以反擊這些人。

我們現在有二十五家企業，十二年前並沒有來此地設點。其中有幾家是員工人數眾多的主力企業，例如電氣與暖通空調企業有十五名員工，獸醫院有四位全職員工以及六位兼職員工，托兒所有十六位員工，水管工有五位員工。

我們如果沒記錄這些數據，很快就沒人拿得出這個城市成長的數據。

上述的例子，只是她就任十二年以來，米爾諾市諸多成長實績的一小部分。她經常更新這座城市的實績。

大家要是都把自己的成績記錄下來，看了就會很驚訝，原來自己成就了那麼多。

她簡單記錄了下列各項：

- 新企業的數量
- 公共設施改良
- 企業擴張
- 企業繼承
- 企業改建／新建

- 進步

在「進步」項目下方，她列出米爾諾市七年來因種種進步而得到的四個獎項：

- 二〇二一年健康活力城市獎
- 二〇二〇年主要街道智慧基礎設施獎
- 二〇一九年主要街道卓越獎
- 二〇一四年年度最佳城市獎

彼得森給新的經濟發展官員的建議是：「記住拿到的補助。」這也是當年別人給她的建議，後來證明極其實用。

> 我要不是把補助的金額與來源，一筆筆都記錄清楚，也不敢相信我們竟然拿了這麼多補助。米爾諾市從二〇一〇年到現在，已經拿到超過二百三十萬美元的補助！

彼得森說，這些補助都是州政府給的，還不包括各基金會給予的多項補助。是的，她也會記錄這些。

她就憑藉這些紀錄，回應米爾諾市面臨的意見與非議，有些批評還是來自當地的居民。她會保留紀錄。

以「構想友善」框架的語言形容，這份紀錄列出大家為了打造理想的城市，所做出的努力。更具體地說，這份長長的紀錄闡述了很多人以看似微小、實則重要的方式，測試構想的經過。這份紀錄讓市民知道自己居住的城市有這麼多實績，也成為「構想友善」框架裡「聚集群眾」原則的新版本，因為可以充當未來願景的新口號。

這個例子不僅是**找到**亮點，還在大家不見得能看到這些亮點的時候，提醒大家它們確實存在。彼得森為了確保市民能**看見**她整理的紀錄，每年還刻意在本地報紙刊出幾次。她分享小城市的成功故事，藉此扭轉人們的印象，至少可以減少經常像野火燎原般蔓延開來的負面批評。

想解構你的成功故事，首先一定要注意到這類的故事。

歡慶成功為何如此困難？

難道只有我有這個毛病？我知道不是只有我，但我要坦白招認。有個朋友恭喜我最近有所成績，且問我是如何做到的。我客氣說道：「謝謝你。」我確實說了幾句，但很簡短。顯然我愚鈍的大腦，並不想表現出樂於受到肯定，更不想顯得自以為是。所以我刻意輕描淡寫，三兩下說完。

但**他問我**耶！他一開口就恭喜我耶！然而我的大腦偏偏叫著喊著，要我別再說了，還對我說他才不想聽我的成功故事，會恭喜我純屬客套。他的讚美讓我不太自在，我也不想顯得太過自豪，結果反而沒有顧及他的好意。朋友真心祝賀，卻被我三言兩語打發。

驕傲自大，和向其他人說自己有多棒，這兩者有著莫大的差異。我覺得很多人認為，人一旦驕傲自大，就會主動告訴別人自己有多棒。至少別人會這麼想。只要我們有這樣的顧慮，就會轉趨保守，岔開話題，不重視別人的認同。

坦白說，你的成就是有意義的。也許你得到升遷，也許你爭取到客戶，或是首度受邀演說。每一項成就都有意義。是長期堅持努力的成果。

但凡有人向我們道賀，應該先感到高興，感謝對方真誠的祝賀，也認同你付出的努力。也許對方指出的，正是一個絕佳的成功框架。

盤點你的勝利

我敢說，你今年一定已經有一些佳績。也許是你勤勤懇懇耕耘了幾個月，才終於實現無法透過其他途徑實現的目標。

我常常鼓勵別人盤點自己的成績，也會鼓勵自己這樣做。人有時候會有點混亂，想達成從未達成過的目標，然而眼看願望始終無法成真，又頗為自責。不知道那麼多時間都去了哪裡，怎麼弄了半天還是離目標如此遠。

但我們可能離目標沒有那麼遠。我們大可回想那些該做而沒做的事，但我覺得這樣做也無益。我們知道，著重在自己的缺失，能學到的有限。而且正如卡蘿·彼得森在米爾諾市的經驗，只看缺失未免有失公允。

也許你沒有報名十公里馬拉松，但你確實堅持訓練了八個禮拜。也許你的銷售業績沒有達標，但去年的營收還是成長了百分之十。

有時候我們的成就，甚至跟當初設定的目標完全無關。事態會變，也許你會做出一些意料之外的調整。你辭職、你找到工作、你創業、你結交新朋友、你在二手市場買到一把吉他，學會彈二首新歌。是，也許你的目標是學十樣東西，不過你現在還是學到了二樣新東西。

這就是我們應該做的。有些「成就」在我們看來，只不過是應盡的義務罷了，但其實也很值得肯定：

- 你扶持子女走過大學一年級
- 你的營收有所成長，所以今年多繳了百分之二十五的營業稅
- 你跟全家去度假
- 你指導子女所屬的籃球隊

有些成就則是未完待續：

- 你要寫一本書，已經寫了三萬字
- 你減了十磅的體重

- 你一星期創作二次

　也許你對於實際的進展並不滿意。但你可以選擇看事情的角度。你可以正面看待自己的進展，也可以負面思考尚未完成的項目。

小事情也算

你回顧過去這一年，應該要抽出一些時間，盤點你的成功事蹟。即使是小事情也算。想想你跟女兒玩遊戲，或是整理家裡的空房間的日常片段。可是我們卻覺得這些事情並不算是值得慶祝的成就，所以不當回事。

成功事蹟可以是很簡單的事：

- 你創業之後，爭取到第一位客戶（或是三位）
- 你推出新產品或服務
- 你減重成功
- 你的體態比六個月前理想
- 你今年準時報稅

- 你還了一半的債務
- 你找到新工作
- 你與子女或是另一半相處的時間變多

你的成功事蹟無論是什麼，應該都是你選擇做不一樣的事情，或是不再做某件事情，然後日積月累的結果。

我敢說十二個月前的你還心存疑慮，不知道自己能否成功。但你現在成功了。你贏得漂亮，所以應該停下來想想自己的起點與成就。

所以，你的成功實績是什麼？你幾個月前所做的選擇，直接造就了什麼樣的成就？

重新檢視你所知的

有時候我們需要提醒，才知道哪些方法管用。並不是說一定要以同樣的方法解決每個問題。但事態若是有點不對勁，往往是因為我沒做好最重要的事情。

最近我很難適應在家工作的生活。在家工作就算有專屬辦公空間，工作與生活的界線還是很模糊。適應另一種生活方式，並不容易。

從前到公司上班的日子，通勤就是我從工作模式轉換到居家模式的時間。我會在通勤的時候，將一天的工作拋諸腦後，調整成與家人相處的模式。現在再也不需要通勤了。但我還是有一個轉換的過程。只是需要一點提醒。

十幾年來，我每週都會撰寫簡報。撰寫的過程中，總會檢視最近的熱門話題。我寫的每一份簡報，我都會註明標題與日期，以 Google 文件的格式留存。我搜尋「過渡」主題的文章，看見幾年前的這幾段文字。

二〇〇九年，商學院教授蘇菲·勒洛伊發表一篇論文，標題是「完成工作為何這麼難？」她探討工作切換的效應，發現我們都有她所謂的「殘餘注意力」。我們每次從一件事切換到另一件事，都會帶著前一件事的認知殘餘。這些認知殘餘確實會降低我們的生產力，以及對下一件工作的專注度。怎麼可能沒影響？我們想專注在一件事情上，卻還在想另一件事情。在切換的過程中，必然有所損失。

若是不專注，思考就不清晰。思考不清晰，決策就會有問題。這一語道破我的問題。我每次切換，都帶著「殘餘注意力」。

後來我發現：我們家每次坐下來吃晚餐，都會說感恩禱文。將近十八年來都是如此，每次都會說。生活是很忙亂的，要為六個人，甚至更多人準備餐點，是很辛苦的。在坐下來吃飯之前，全家都很忙，然後突然就聚在一起吃飯。我在說感恩禱文的時候最常發現的現象，是它能讓我們全家放慢速度，深呼吸，我們圍著桌子坐著，輪流說禱文，全家人的感情也更緊密。我們要是不說禱文，直接開始吃飯，那生活的忙亂就會延續到晚餐。禱文就像一種過渡。我們放下之前的事情，穩定心緒，腳踏實地，把注意力移轉到家人身上。

依據猶太傳統，坐七（七日服喪期）結束後要舉行儀式。在進入下一階段，下葬日算起的三十天，哀悼的人必須「起身」，繞著街區或自己的家走，通常有朋友同行。這樣的步行有助於回歸日常生活，也象徵重返世界。下葬後三十天是個過渡期。會如此設置，也是理解一個人無法從坐七的激動情緒，無縫回歸日常生活。

我常常對傳統懷抱反感。父母將我培養成天主教徒，所以我覺得傳統很無聊。我曾經覺得，儀式是無腦的人云亦云，非常排斥。正因如此，我沒能領會儀式的意義，不知道原來儀式也能引導我們轉換想法。儀式能讓我們做好準備，將注意力順利過渡到下一件事。

舉個例子，我們都知道運動之前應該要伸展肢體。鐵人三項在各項之間設有過渡區。運動員在每個項目都有一套穿戴裝備的程序。

一切的目的是給我們時間，讓身心為接下來的重要工作做好準備。儀式本身也是一種經驗，目的是引導我們將注意力放在該放的地方。

當時的我真該看看這段話。我需要提醒。

打造成功框架的一大重點，是回憶我們對類似情況所知的資訊。我們不見得每次都需要新的知識，只需要讓自己想起已知的有用方法。

反思實踐

「重點不是你現在所處的狀態，而是何以致之。」這句話是史丹福大學精神病學系副主任大衛．斯皮格說的話。他說的是所謂的控制信念。

> 控制信念的意思，是一個人感覺在自己的生活具有能動性的程度。具有內控性格的人，會相信發生在自己身上的事，深受自己的能力、行動，或錯誤影響。
>
> ——*Psychology Today**

我們越能掌握自己的命運，就會越快樂。換句話說，我們能控制的越多，決策與行動就越能自主，對於過程與結果就越滿意。

我們過往的成功經驗，具體來說是我們的決策與行動，讓我們得以判斷成功有多大比例是來自**我們**自己的言行。

順利的時候是什麼情況？這是我最喜歡的問題之一。這與想像尚未發生的「理想的一週」並不相同。目標是挖掘你過往的成功經驗。也許更重要的是，探討你營造了哪些能促成成功的情境。正如大衛．斯皮格所言，要了解「何以致之」。

* www.psychologytoday.com/us/basics/locus-control

我跟別人合作，會想了解他們的優點。不只是分析之後所看出的優點，也包括他們的過往實績，無論多大或多小都要參考。研究分析成功的步驟，會有極大收穫。你所做的決策，還有持續付出的努力，都是往後值得參考的訣竅。你塑造促成成功的情境，也值得未來的你借鑑。

你要找的並不是未來可以依循的特定公式。每個情況都有必須考量的細微差異。重點是要找出重要關鍵，要找到未來遇到類似問題，可以運用的框架。思考「順利的時候是什麼情況？」就能找回控制信念。思考這個問題，就會想起以前的作法（有時是不經思考就做出的舉動），這些作法其實是多年練就的本事。

有些事情我們做起來彷彿自然而然，根本不需要停下來思考每一步。但做事的步驟就是一個框架。回憶「順利的樣子」，就能找出我們自己的成功框架。問對了問題才能找到答案。但究竟**什麼**是對的問題？所謂對的問題，就是一旦問了，得到的答案能讓你超越自己。

為了要問對問題，就要了解我們成年之後是如何學習的。我最喜歡的一句話，是教育改革家兼哲學家約翰·杜威說的：「我們並不是從經驗學習……要學習就必須分析經驗。」（約於一九三三年）他當時談的是成人學習。兒童是透過自己在這個世界的行動學習。成人則是必須思考自己過往的行為，才能從經驗中學習。

反思實踐是唐諾・舍恩於一九八三年提出的概念。距離約翰・杜威說那些話，已經過了五十年。都柏林大學學院的這篇總結，道盡反思實踐的精髓：

> 反思實踐就是從業人員不斷自我觀察與自我評價，以了解自己的行為，還有自己的行為所引發自己以及學習者的反應……目標並不見得是像從業人員一樣，解決一開始就明確定義的問題，而是持續觀察、改善整體的作法。＊

要花時間檢視你的作法，加以研究分析，而且要時常這樣做，持之以恒。「目

＊ https://www.ucd.ie/teaching/t4media/reflective_practice_models.pdf

標」並「不是解決特定的問題」，而是「觀察、改善作法。」這也符合我們的目標。你希望自己更進步。

諸如戴爾・卡內基、史蒂芬・柯維，以及大衛・艾倫這幾位生產力大師，在他們傳授的方法當中，提到應該要花時間思考，要「每週檢討」（艾倫），或鼓勵大家「把鋸子磨利」（柯維）。

在這種情況，必須花時間反思，才能在**刺激與反應之間找到空間**，將自己的注意力集中在重要的事情。但接受這個前提是一回事，付諸實踐可沒那麼容易。

我們要如何接受正向的反應，承認自己的缺失，卻又不至於太在意這二者？我們內心的對話，通常會一分為二。我們通常會聚焦在二個問題：我做錯了什麼？我做對了什麼？但我們已經知道，問題在於我們太在意做錯的地方。

然而，若是只看哪裡出錯，哪裡無用，很少能找出進步的祕訣。應該要研究的是「哪裡順利？」更重要的是，「為什麼？」還有「該如何複製？」

我們不必再鉅細靡遺檢視自己的失敗，而是應該承認失敗，繼續往前走。我們應該聚焦在成功之處，了解成功的樣貌，也知道該如何複製成功。

我舉辦研討會，指導一小群學員。研討會結束後，我得到的回應包括「辦得很好」、「幹得好」、「我收穫很多，謝謝你」。他們很貼心。聽見這些話也很窩心。坦白說，研討會確實很成功。我知道我的授課內容是有用的。學員也收穫了實用的資訊與構想。然而在開車回家的路上，我靜靜回想，感覺他們說的話，給出的回應都很空洞。我開始覺得自己有點失敗。

順帶一提（以及警語）：很多人，也許應該說**所有人**，事後或多或少都有一些不安全感。我們會向「看過我們表現」的人尋求意見與肯定，想減輕不安全感。問題是，大多數的人都不願意批評，更不用說是有用的批評。我們的文化也是原因之一。但更重要的是，**他們沒有義務批評**。我的建議是不要太執著於檢討自己的表現。得到正面評價可以感謝，但不要太重視。隔一段時間再回想自己的表現，再以反思實踐評估。

那該如何藉由反思實踐精進自己？反思實踐之所以如此重要，原因之一是我們得以思考整個經過，或多或少也能分析自己的行為**以及**結果。最重要的是，自己也能評價自己。

瓦蕾莉．奧萊尼克是講者，也是遊戲化顧問。她多年來研究如何將遊戲化的心理學，用於激勵與提升參與度。我們玩的很多遊戲之所以有吸引力，是因為在遊戲過程中會得到獎勵。想想你下載在行動裝置的上一款遊戲就知道了。

奧萊尼克說：

獎勵並不是「按鈴，獎品就會跳出來。」獎勵是得到回饋。以這種角度看待獎勵，就會是截然不同的經驗。別人開始玩任何類型的遊戲，我會給的最重要建議，就是他們只要能看見自己的進展，就會有神奇的事情發生。

通曉一樣東西能讓我們快樂，也會帶來其他好處。大家都喜歡把事情搞清楚。大家都喜歡破解謎題。

大家都喜歡謎題。要有些難度，興趣才不會流失。但也不能難到無法破解。

這跟玩遊戲有點像。遇到一個關卡。感覺有點壓力。然後，喔，好了。我搞定了。

反思實踐正是「看見自己的進展」，尤其是我們研究成功經驗，想知道哪些方法有用，又為何有用的時候。反思實踐能反映出我們採用的策略、做出的選擇，以及採取的行動的優劣。

會運用遊戲化心理學以及獎勵的，並不只有遊戲應用程式。有些應用程式幫助我們達成健身目標。有些應用程式監測我們的睡眠、營養狀況，以及體重減輕的程度。只要你有目標，大概就找得到能助你完成目標的應用程式。而且通常會有遊戲化的成分。

對於發行這些應用程式的公司而言，獲利的關鍵在於能吸引使用者繼續使用。當然常常也會有使用者棄用離去。倘若看見自己的進步才會繼續努力，那麼一旦表現下降，面對中斷的進程也會很難受。

奧萊尼克說，很多應用程式公司已經想出拉回使用者的方法。

現在的應用程式會監測這種情況。這個人要是快失敗了，我就會給他一些提示，例如「也許我們應該調整目標，而不是直接放棄。我們先休息重整，也重新設定目標。」

這與費什巴赫提出的「我們受到自我影響，無法從失敗學習」雷同。應用程式並不在意失敗的地方，而是要引導你繼續使用，再次看見你的進展。

反思實踐並不是只有反思，而是要透過反思，了解自己的作法，並加以改善。從很多角度看，反思都像是敘述事情的經過。

奇波雷墨西哥燒烤的成功框架

只要你曾走進奇波雷墨西哥燒烤餐廳的門市，哪怕是第一次光顧，都會發現，他們幾乎任何作業都有一套標準程序。我們看看點餐的流程：

- 碗／墨西哥捲餅／沙拉

- 糙米／白米
- 斑豆／黑豆
- 雞肉／豬肉／牛肉
- 莎莎醬（微辣／中辣／大辣）

就這樣一站接著一站。通常每一站、每種選擇都有一位專人負責。有時候一個人負責二站，完成之後再把餐點傳遞到下一站。

注意：每一站都有一套必須遵守的規則，還有必須完成的作業。

這就是他們的框架，要依照作業程序處理，才能做出好吃的墨西哥捲餅。做出的成品不但有極穩定的品質，還能兼顧個人化。因為**你**也參與了產品製作。

但要知道……**他們**決定了每一站提供給**你**的選項，**也**決定了你處理的順序。一旦你走進門市，他們的**顧客框架**就會帶領你完成既定的幾個步驟，再加上**作業框架**，你就能享用美味的餐點。

流水作業線：從成功開始

想像一下流水作業線。我們本就知道流水作業線的作用，是將一連串的作業整合成能快速處理的一個過程、一條線，以生產品質穩定的產品。奇波雷墨西哥燒烤就是這麼做的。各製造廠一百多年來，也是這麼做的。

接下來就是困難的地方，也是我們會有點搞不清楚的地方。我們或許不是要做一份三明治，或能開的車，或許我們最終的產品**感覺**沒那麼具體。但無論是在哪種情況，都不是建構過程，而是**解構**過程。

要有成功框架，首先就要知道成功的**樣貌**！然後就要檢視你邁向成功的步驟，打造成功框架，再加以調整。

你會發現，我並不會告訴你具體該怎麼做，在每一個步驟又該做什麼。這些該由你自己決定，而且你運用過往的成功經驗，通常能找出最有效的辦法。你的成功框架由你打造！

研究你的成功模式

我們看看銷售過程的例子。如果你的職業是賣保險，那你應該知道最大的客戶是哪幾位，例如前百分之二十的大客戶，也許貢獻了你的業績的百分之八十。這就是你的美味墨西哥捲餅。

- 他們是誰？
- 他們有哪些共同點？
- 你如何推銷成功？
- 你在過程中完成哪些步驟？
- 在即將成交的時候，發生了什麼事？

  你說了或是做了什麼？

  你準備了什麼？

然後聚焦在你能控制的事情。

- 而且在此之前，你做了什麼？

一路回到你一開始如何找到這些客戶，如何認定他們夠格。

我保證你會找到一套通用的作業程序，只要按照順序持續實踐，**通常**就會得到類似的成功結果。我也敢說，你在解構成功經歷的過程中，會想起**原本可以**成為你最大客戶的人。你也會逐漸發現，他們沒有跟你成交，最有可能的原因是你忽略了某個步驟，或者從美味的墨西哥捲餅的角度看，你是不是忘了問他們要不要酪梨醬？

從不相關的成功經驗汲取靈感

- 找到工作
- 創業
- 買房子
- 減重

我們有許多（大大小小的）成功經驗，都能用於建構成功框架。也許我們這幾個月又胖了幾磅，現在該繼續減重。

你幾年前是如何減重的？「這個嘛，幾年前的我比現在有紀律多了，所以那時候減重比較容易。」（對了，這句話其實不算是答案，但總是個開始，也蘊含成功的關鍵。）

什麼能讓你更有紀律？這個東西有著什麼樣的樣貌？「嗯，我有一張清單，上面列出什麼能吃，什麼不能吃。我晚上會把明天要吃的東西準備好。我每天晚上都不吃冰淇淋。」

所以就是一份清單，前一晚準備，還有不吃冰淇淋。怎麼有辦法忍住不吃冰淇淋？「不買就行了。」

那你買的都是清單上可以吃的東西？就這樣一路問下去……

我們用這種方式，就能發現減重的成功框架。以下是我們如何**運用**在不相關領域的成功經驗的方法……

如何建立一個有助於求職的類似框架？從過往的成功經驗，能不能找出有助於找到新工作的東西？

這個過程需不需要同樣多的紀律？列出清單是否有用？你需要準備什麼？

第六章 建構成功框架：你需要什麼？

需要什麼才會成功？怎樣的環境最有助於達成目標？

「鐵磨鐵，磨得鋒利」，但這是短期策略，也不是持續成就最佳表現的方法。要說大離職潮、寧靜辭職之類的趨勢讓我們領悟到什麼，那就是我們想要對自己有益，能讓自己發揮出最佳表現的工作環境。

「你以後就在這裡工作。」只要你接受過最起碼的新進員工培訓，應該都對這句話不陌生。當然我們也知道，辦公室或隔間的位置往往由不得我們。公司可能已經決定了辦公空間的格局，也決定了哪些團隊要一起辦公，與主管、經理又該離得多近。

但是，有幾位老闆會問你，你需要哪些東西才能成功？更具體地說，你需要什麼才能發揮得最好？

在理想的狀況，企業用人唯才，看的是應徵者的專長。但企業無論再怎麼好心，在討論員工才能的同時，也不見得會探討有助於激發最佳工作表現的**環境**。了解自己的成功經歷，就能將注意力聚焦在順利時的情景。而且在過程中，也要了解怎樣的環境能激發你的最佳表現。

企業的文化定調了一切。企業領導者要給員工一定程度的許可，要鼓勵員工勇於冒險，不怕失敗，也要有寬容的胸懷。定調也包括為員工找機會，不但能發揮所長，也要有最好的機會，運用他們獨特的觀點與才華。

具體地說，就是要塑造員工最有可能成功的環境。

情境很重要：你需要什麼才能成功？

The Granite Group 是位於新英格蘭的配管、暖氣、通風，以及空調批發經銷商。翠西・史波能堡是這家企業的人事長。她身為人事長，在公司推動「以人為本」的文化。「以人為本」之類的話，有時候聽起來像是裝模作樣、遲早過氣的口號，但她與她的團隊在執行長的**全力**支持下，卻是身體力行。

> 我真的認為應該要因人制宜，要因人調整自己的風格，不是直接要求公司上下遵守一項哲學。
>
> 我也認為應該要幫助大家達成想達成的目標，要了解大家的潛能，讓優勢得以發展。

因人制宜

史波能堡為人非常討喜。她身為企業高層，**也是**人力資源專家，非常活躍。她舉辦研討會，發表專題演講，也接受採訪。很多人以為她個性外向，甚至與她共事的人都這麼想，但她其實是個內向的人。所以她有時候必須適應某些情況。她分享一個親身經歷的例子，是她如何調整自己，以及她和**她的**老闆，也就是執行長的溝通，又是如何因此而改變。

身為內向的人：

> 並不代表我不能表達意見，也不代表我不能面向人群。我其實很擅長跟別人相處。但有時候我一天要開很多場 Zoom 會議，那我就得在家處理，不然就要累翻了。

我對她說，公司的執行長與老闆，都認同她的「以人為本」理念。

> 執行長必須了解，我在什麼樣的環境能拿出最佳表現。他到現在還在漸漸了解。他知道我吸收了資訊，如果能有時間慢慢消化，就會表現得更好。他以前會直接打電話給我，問：「現在怎麼樣？」現在他則會說：「我四點會打電話給妳，聊聊現在的狀況。」所以他知道要稍微調整他的風格，我們對自己的員工也一樣。

這種體諒與調整的風氣，已經普及到整間公司，也影響了公司對員工的聘用、培訓，以及升遷。

> 我們必須深入了解員工，要知道他們的優勢、需求以及願望。而且要跟他們**一起**創造，而不是**為**他們創造。要跟他們**一起**開創一條適合他們的發展之路。

公司過往的升遷制度，通常是提拔某一處最資深的員工，不去考慮這對公司或是員工本人是否有益。

> 我們在做的，是培養員工的人際能力，安排最懂得**帶人**的經理。因為公司幾位最傑出的經理，對公司的產品**最不熟悉**，但是帶人的本領卻是**最優秀**的。

The Granite Group 重視員工的長處，與員工一起追求在專業上精益求精，因此過去幾年大有成長。如今即使在競爭對手眼裡，他們也是業界最善待員工的公司。

通融所有人

正如布列茲頓醫師指導的住院醫師，很多人認為通融是為了解決問題，認為需要通融就代表有所缺失。

史波能堡需要時間休息，也需要時間消化資訊的例子，是公司與領導高層**通融**員工工作習慣的絕佳例子。他們所用的方法特別之處，在於公司並沒有將她的需求，視為一種需要解決的問題，也不認為是在包容她的缺失。The Granite Group 的「以人為本」心態，是認為通融就是滿足員工的所需，協助員工發揮所長，展現最佳表現。要把觀點從「翠西累了，需要休息。」改成「翠西只要有足夠的時間休息，消化接收的資訊，在公司就能展現最好的表現。」

越來越多跡象顯示，企業必須通融員工，營造員工能拿出最佳表現的環境。從二〇〇七至二〇一六年，確診注意力不足過動症（ＡＤＨＤ）以及自閉症的成年人暴增*。成功人士足足三十、四十，甚至五十年來，都不知道他們（我們）的大腦運作方式，與「神經典型」的人非常不同。

勤業眾信聯合會計師事務所指出，研究顯示含有神經表現特異的專業人士團隊，生產力比沒有此類人士的團隊高出百分之三十**。摩根大通的「職場自閉症」計畫發現，認知多樣性員工的生產力，比神經典型員工高出百分之九十至一百四十，而且較少犯錯***。

事實是，無論是否確診，患有注意力不足過動症，或是包括自閉症在內的其他神經表現特異疾患的人，往往有不同的需求，尤其是與環境、溝通相關的需求。雖說每個神經表現特異的人都有不同的優勢、能力以及需求，但還是有一些共通的需求。

* https://behavioralscientist.org/lived-experience-makes-thework-better/
** www2.deloitte.com/us/en/insights/topics/talent/neurodiversity-in-the-workplace.html
*** www.ft.com/content/ea9ca374-6780-11ea-800d-da70cff6e4d3

舉個例子，他們可能覺得過多的聲音，或是強烈的照明是一種干擾。他們也許難以忍受主管或團隊成員的干擾。他們的溝通需求也許跟別人不同。很多患有神經表現特異疾患的人，喜歡清晰、一致、直接，不需要解讀的語言。他們也喜歡有明確的目的與議程，且時間較短的會議。他們在會後也許會需要會議紀錄，確認結論的內容。

每個人的需求都有點不同，這些只是少數幾種許多人都需要的環境條件與通融。我們再看看這份簡短的清單，純粹好玩：

- 安靜的環境
- 柔和的照明
- 減少干擾
- 清楚直接的溝通
- 一致
- 有明確議程的簡短會議
- 明確的書面結論

也許只有我這麼想，但我覺得這些**通融的作法**，其實不像關照某些疾患患者的作為，而是經營企業該有的作法。

你應該曉得，要先**了解**自己需要什麼才能成功，才能開口**要求**。那要怎麼了解？

我很晚（將近四十歲）才確診注意力不足過動症，到現在還在摸索最適合我的作法。我在著作《零干擾》提到幾種最適合我的作法，也提到我如何運用反思實踐，更加了解怎樣的情境適合我。

別再接受預設設定：發現你的需求

我在將近十年前確診注意力不足過動症，最大的好處就是換個角度了解我的能力與需求。我跟我輔導的客戶合作將近十年，發現自己喜歡透過電話，或是其他語音的途徑與客戶溝通，不喜歡 Zoom 之類的視訊會議。但這是不符合**預設**的作業方式，因為大多數的客戶認為我們會安排視訊會議。我向來樂意遷就客戶，但也知道我更擅長只用語音溝通。

原來很多注意力不足過動症的患者，都有這種傾向。我還不知道這種傾向與注意力不足過動症**有關**的時候，也會向客戶解釋我的偏好。我擅長處理聲音資訊，也擅長聯想思考。我透過電話，聽客戶描述情況，不僅能專注，也能與客戶同在。我覺得影像是一種干擾，反而會害我聽不見客戶說的話。

我一邊聽著，大腦一邊留下紀錄。我可以將客戶在會議剛開始五分鐘說的話，與二十分鐘之後說的話連結在一起。我再把線索串連在一起。我至今還是這樣向客戶解釋，只是我現在更了解**為何**會如此。

我向來願意配合客戶的需求，也會以客戶的偏好為優先，如果我能只聽客戶的聲音，就能更專心聽他們說的話，從語氣的變化判斷他們的真意。

此外，我常常邊講電話邊走來走去。身體的動作會讓我更專注在談話的內容。況且**不透過**視訊溝通，再加上走來走去，我就能離電腦螢幕遠一點。所以我就不必浪費精神，不必硬逼著自己不去看一些跟這通電話無關的東西。

如果我在常常需要開 Zoom 會議的地方工作，我也許會要求公司「通融」我只透過聲音溝通，也許先以視訊打招呼，然後再以聲音溝通。在上述這二種情況中，雖然表面上是請公司遷就**我的**需求，但終究還是為電話那一頭的人**服務**。

正如史波能堡需要時間消化資訊，也需要在家處理一天的多場 Zoom 會議，我所需要的「通融」，完全是為了能拿出最佳工作表現。我的客戶需要我專心聽他們說話。他們需要我專心聽，不只是聽他們說的話，也要問一些問題，挖掘他們的真意，引導他們的思考。如果非要以我不適應的螢幕溝通，那我可能就無法完全專心聽他們說話。

關於通融的注意事項：我要說清楚。我也可以參與視訊會議。我也可以專注在眼前的事情。只是對我來說，視訊會議耗費的心力，遠超過只講電話，也就是要付出額外的代價。

舉個例子，想像一下你的腿受了傷，需要用拐杖。你約了潛在客戶見面。你提早到達，以為有的是時間坐著，調整心態，閱讀筆記，反正該做的事都有時間做。你到了約定地點，卻發現電梯正在維修。見面的地方在三樓。你也不是**不能**走樓梯，但這樣一來就要付出額外的代價。

你沿著樓梯往上爬，除了身體受罪之外，你也只能**剛好**準時赴約，沒有多餘的時間。你不只是損失了原本預留的時間，還覺得每爬一步都吃力得很，等一下恐怕要汗流浹背，渾身難受出現在潛在客戶面前。你總不希望給客戶這樣的印象。

所以，雖然爬樓梯對你來說根本不成問題，但總有代價。會影響客戶對你的印象。還有最後一件事：你好不容易到了見面的地方，無論是誰迎接你，你都要花點時間解釋現在的情況。他們為了電梯故障再三道歉，對你說：「我早知道你受傷，就會先通知你電梯壞了。」他們給你一杯水，讓你在化妝室稍事整理，再出來見客戶。我覺得這是很貼心的**通融**。

我們談談很多人都有的一樣東西：手機。從最理想的角度看，手機是神奇的裝置，能提供資訊，也是溝通的工具。從最壞的角度看，使用手機是會成癮的。成癮可不是小事。研究證實，過度使用手機可能引發憂鬱症與焦慮症＊。我們每新增一個應用程式，手機就會更干擾我們的生活，打亂我們的注意力。

＊ www.ncbi.nlm.nih.gov/pmc/articles/PMC6449671/

我覺得在我們的允許之下，進入我們意識的每一則通知、每一個紅點、每一個嗶嗶聲、叮噹聲，都會占用我們一小部分的注意力。我們跟別人說話，就算「不理」在口袋裡嗶嗶叫的手機，思考也已經受到干擾，我們也立刻就知道必須查看。就算我們默默拒接口袋裡手機的來電，把來電轉到語音信箱，大腦也已經在思索來電者會是誰：

- 希望不是什麼重要來電。
- 不曉得是誰打來的。
- 大概是垃圾電話。
- 喔，我在等我媽打電話來。等一下再打給她也沒關係。沒關係吧？沒關係的。
- 我應該說要去洗手間，先離開這裡，去看看電話是誰打的。
- 我還要坐在這裡點頭多久，假裝在專心聽？

我們換個方法會如何？要是花點時間刻意設計使用手機的方法，會如何？我們將手機用於滿足自己的需求，會如何？**但我已經這樣做啦**。我們當然已經花了些時間選擇鈴聲，也選擇允許出現提醒的應用程式。但手機都預設成會將軟體公司與媒體公司**希望**你看見的資訊，送到你眼前。你應該調整這些設定。你有能力選擇自己要看見**哪些**資訊，還有資訊的來源。**你**可以選擇誰能找到你，還有哪些通知能傳送給你，或是干擾你。

你需要什麼……才能成功？

想像一下，有人跟你約了見面，你「拄著拐杖」赴約，對方問了一些關心你的問題。與其認為順利抵達是一種考驗，通過了考驗就能向客戶證明自己的價值，何不想想客戶若能將你全面的成功，看得跟自己的成功一樣重要，會是如何？他們若能提前幾天打電話給你，確認你所需要的都已完備，會是如何？

「哈契先生，這次開會您還需要些什麼？有沒有需要我們幫忙的地方？我們會在三樓會議室見面。可是現在電梯故障，請問您方便走樓梯嗎？如果不方便，我們也可以改在一樓見面。」

我說羅伯啊，你活在幻想世界。**也許是這樣**。

我們回頭看看你遇到的第一個人的反應。「我早知道你受傷，就會先通知你電梯壞了。」這句話很合理。任何人看到別人如此受罪，都會真心感到內疚，而且若是早知道，就會先通知對方。對方要是提前得知，最起碼就能更早到場，整理自己的儀容。

那**我們**為何不事先把自己的需求說清楚？我們當然都知道原因。因為我們不想顯得脆弱。我們想展現出自己的價值，而且認為**力量**也是價值的一環。

但**沒說出**自己的需求，恐怕就無法將最好的表現，呈現給要服務的對象。

用你現有的工具滿足需求

常有人問我，使用哪一款應用程式或軟體經營事業？我的答案有很多種，但我稍加探問，就會發現大多數人想要的並不是新工具，只是想知道自己現在用的東西是否合適。

大部分的小型企業，並沒有資源去比較每一款軟體的優劣。好消息是，他們往往沒有充分運用現有軟體的全部功能。只要稍加學習，你也許就能運用你現有的工具，滿足你的**所有**需求。

對很多人來說，最頭痛的反而是每天都要處理的事情：電子郵件、行事曆、做筆記。說真的，但凡跟管理時間與資訊有關的事情，都讓很多人頭痛。選擇實在太多。要挑選最好的應用程式或平台，光是看那麼多則評論，就能把眼睛看瞎。但祕訣其實與科技無關，而是與人有關。

你需要什麼？

電子郵件是一頭難馴服的猛獸。我們一時被信件的洪流淹沒，通常希望能有新的應用程式幫忙解決問題。但我們有時候不見得了解問題。感覺收件匣裡的信件太多，處理不完，本身並不是問題，而是症狀。主要的原因，是我們沒有花時間調整電子郵件軟體或是任何應用程式的預設設定。

無論你用的是 Outlook、Gmail，還是其他平台，每一種都有強大功能。我們何時、何地，都能收到電子郵件。軟體能將資訊依據重要程度分類，尤其是「人工智慧突然降臨」，也能依據寄件者、主旨，以及許多篩選條件，整理電子郵件。軟體可以暫存、提醒、安排行程，也可以將電子郵件轉為行事曆上的活動。

我們等於是有一位夢寐以求的「機器人管家」可供差遣。我們只需要發號施令。但我們常忽略的就是這個。**你需要的是什麼？**

我們都很習慣設定鬧鐘。我們有時候確實需要鬧鐘提醒何時該醒來，何時該做某事，何時又該出現在哪裡。於是我們告訴手機自己需要什麼，何時需要，甚至設定了鬧鐘鈴聲。但我們在行事曆安排行程，卻常常忽略重要細節。「打電話給羅伯」可以提醒我們要打電話給羅伯，但到了約定的時間，我們又翻看電子郵件，要找聯絡電話，或是找尋要討論事項的筆記。

行事曆有不少功能，可以連結參考資料，提供正確的聯絡資料。我們要是「告訴它」自己的需求，它還能提供其他選項。

把科技向你承諾的功能忘了吧。首先要思考你希望科技能發揮的作用。再花時間變更設定，讓科技在你需要的時候滿足你的所需。每個人都有偏好。現在使用的工具就能滿足這些偏好，我們只需要把自己的需求說清楚。

打造成功框架

我在二〇二一年主持 How I Use That! 節目，訪問的來賓多半是小型企業主。我請他們介紹經營企業所用的系統與軟體。我並不是請他們示範操作軟體，畢竟想看示範只要上 YouTube 就行。我想知道的是他們是否有**獨特**的使用方法。

- 你做了什麼？
- 你是怎麼做到的？
- 你用了哪些工具做到？

每一位來賓都有既定的經營企業的方式，個個都不相同。但**真正**神奇的，是他們**如何**使用軟體，在任何時候都能滿足自己的需求。

其中一位來賓賽斯介紹他使用的 The Brain，不僅能掌握最新資訊，也能了解資訊**之間**的重大關連。他稱之為「極致書籤」。舉個例子，在他的系統中，我的條目是與我的朋友克里斯・布羅根連結，因為他是透過克里斯認識我的。而保羅的系統裡，每一張 Trello 卡片，都有「深度連結」，所以只要動動滑鼠，就能滿足所需。

蒂娜與凱瑞的每一項專案，或是每一張卡片，都有幾層的相關資產與筆記，與他們示範的應用程式有關。無論他們用的是哪一款應用程式，最主要的還是他們既有的系統。最重要的元素已經存在。他們使用的應用程式，只是進一步提升既有系統的運作而已。

依據你的需求建構

你已經擁有系統。你不見得每次都留意系統的運作，但系統一直都在。我們每天、每週、每月、每年，都有必須完成的工作。我們也會完成，至少**多半**會完成。

這些系統有時候是在我們的腦子裡，是我們依據記憶所完成的日常活動。但你可曾忽略一個步驟，或是花時間查詢資訊，導致原本很好處理的事變得複雜？

事情要是出差錯，通常是因為我沒做到我**知道**應該做的事情。我反思我舉辦的研討會，確實也發現一些過失。我**自己**檢討我的表現，看見這些缺失，感覺自己

「失敗」。就算是**失敗**吧。我也發現幾個**很**順利的地方。畢竟我還是得到一些讚美。就算是**成功**吧。

還記得我的朋友凱特說過的話？「做好準備」，**還有**「已經熟練」。我們依據她的這句話，打造了做簡報的成功框架。能打造成功框架，也是因為進行了反思實踐，思考「順利的時候是什麼情況？」以及使用類似上述的反思實踐框架。

- 你做了什麼？
- 你是怎麼做到的？
- 你用了哪些工具做到？

以下，是我們打造能讓我們有信心做好簡報的成功框架：

- 準備：蒐集資訊，預備一切所需。
- 練習：排演、檢討、測試，走過一遍。
- 潤飾：花更多時間改進需要改進的地方。
- 發表：向觀眾發表你的產品或簡報。

我回顧我的演說，發現順利的地方都是因為依循這個過程，應該說大部分都有啦。這份簡報我發表過很多次。我做了充足的準備，也很熟練……大致是啦。

至於沒那麼好的地方，則是因為新增了幾張之前沒發表過的投影片。這幾張投影片，我**練習**不夠多，**修飾**也不夠多，所以也就「失敗」了。「失敗」並沒有帶給我新的知識，反而讓我明白，我在準備過程中，並沒有遵守既有的成功框架。在這個例子，我解構自己的「成功」，也能看出哪些部分較為熟練。失敗之處反而突顯出我自己的成功框架有多重要。

下一個問題顯然是：「我運用成功框架……要是……**順利**，會是怎樣的情景？」

我們都有一些**經常**要做的工作。無論這個經常是每天、每週、每月，還是每年，無論在職場還是個人生活，總有很多經常要做的事。我覺得這些事情雖然都有必要做，但也有點乏味。**這也是我不喜歡公式的原因**。

但我每次遇到這些該做的事，總是知道對**我**來說怎樣叫做成功。為了討論方便，我把它總結成二個字：準備。當然需要做的不只是準備。我知道，我事先安排好什麼時間做什麼工作，就能順順利利的。我知道我把**完成工作所需的一切**準備好，就能順順利利的。我知道我把工作變得幾乎像綁鞋帶之類的習慣一樣簡單，就能順順利利的。

每個重點都包含在我的原則：邁向成功。

事先決定

如果我有一件經常要做的事，與其記住每個步驟，不如開啟一個 ActionStack。ActionStack 是可以重複的簡單計畫，能讓我保持專注。

這個計畫的內容，其實就是我知道順利完成一項工作所需的步驟，並按照步驟所列出的清單。有了這個計畫，我就能順利完成經常要完成的程序的每個步驟，不需要常常臨時決策。

我在開始做經常要做的事情之前，如果還沒製作一個 ActionStack，那就會製作。首先，我列出整個程序的每個步驟，儲存在 Google Keep。這是我覺得合用的工具。也許適合你的是別的工具。

我下一次又要做同樣的事，就會打開 ActionStack，依照步驟去做。運用這個簡單的系統，就能輕鬆搞定，省下許多頭痛的時間。

我有許多 ActionStack 檔案的步驟很夠用。有些則是需要一些輔助。例如設定網路研討會的過程有幾個步驟。除了 ActionStack 之外，我也使用三個甚至更多軟體應用程式，才能把網路研討會設定好，讓大家註冊。

我的 ActionStack 之所以是舉行網路研討會的利器，因為清單上的每個項目都有連結，可以通往相關的應用程式。我用不著看完每個步驟，再打開瀏覽器前往 Zoom 或是其他軟體，而是直接加入清單。這樣一來，**我所需的一切**都在清單裡了。相關的文件、資訊，以及通往各應用程式的連結，全都齊備。事情做起來就跟綁鞋帶一樣容易。

打造成功框架的第一步，是檢視自己做的事，思考一切順利時的情景。要想想「順利的時候是什麼情況」，以及「我需要什麼」。若能做到這一點，**不只是**在整體的工作，在每個步驟也都做到，那無論目的是什麼，都能打造出成功框架。

對我來說，我的框架就是我的準備原則，也就是「邁向成功」。每個步驟都要具體化。想想你需要什麼、你使用的連結，還有需要哪些資訊在手邊。軟體不是系統，但軟體能讓系統發揮功用。

他們需要什麼：為其他人打造框架

你打開奇波雷墨西哥燒烤門市的第一道門，整個環境的動線一目了然。你馬上就能看出該如何點餐取餐。

這是他們服務顧客的成功框架。在幕後（其實也不算幕後，因為他們的門市是開放廚房），有各種作業程序的成功框架。他們也有點餐的程序。這一切形成了框架，同時也顧及個人化。既能確保服務顧客的成功框架能正常運作，（通常）也能造就成功的結果。

我用電子郵件行銷的經驗很豐富。只是常有人忽視我最喜歡的訣竅。這個訣竅與我們使用的軟體，以及軟體的運作方式無關。與你該用哪一款社交平台行銷你的企業無關。最重要的步驟之一，是拿起紙筆，開始……

規畫

更具體地說，**規畫你希望顧客擁有的體驗**。若是有人造訪你的網站，你希望此人看見什麼？也許更重要的是，你最希望此人做的事情是什麼？

- 你希望他們訂閱你的電子報嗎？
- 你希望他們與你約時間見面嗎？
- 你希望他們買你的產品或服務嗎？

更重要的是，你**認為**接下來會發生什麼事？任何人做的每一件事，都會有某種結果。例如訂閱電子報，就應該會先看到「感謝訂閱」畫面。然後會收到歡迎訂閱的電子郵件。技術方面的問題，遠不如花些時間規畫每個步驟來得重要。想一想你希望別人能有怎樣的經驗。他們需要什麼，才能有美好的經驗？

如果你是建築師，要設計一家全新的旅館，你會全盤考量，從大門開啟映入眼簾的景象，到迎賓櫃臺的位置。如果你負責管理顧客服務，你會希望每一位人員都親切貼心，能滿足顧客的需求。

過程的每個步驟完成之後，接下來會怎麼樣？好消息是，你可以決定接下來的結果。一切都從草圖開始。

以下是我與我的合夥人克里斯·布羅根在宣傳網路研討會時，所用的成功框架：

- **電子郵件一**：活動七天前寄出。長篇行銷電子郵件。提供直接購買的連結。
- **電子郵件二**：活動五天前寄出。羅伯的電子報。提供銷售頁面的連結。
- **電子郵件三**：活動二天前寄出。克里斯的電子報。提供銷售頁面的連結。
- **電子郵件四**：網路研討會當天寄出。早上九點左右，有用的內容。提供銷售頁面的連結。
- **電子郵件五**：網路研討會當天寄出。二小時前，最後宣傳附帶簡短摘要。提供銷售頁面的連結。

每一封電子郵件都有特定的步驟與規則。這些有 ActionStack 就能搞定。

ActionStack 與成功框架不同。ActionStack 是可重複的簡單計畫，目的是讓你專注在眼前的工作。也是一種系統，能讓你快速完成需要重複處理的作業的每個步驟，不需要做出許多「決策」。

ActionStack 可以用於生活或企業經營的幾乎所有層面，從開發票到客戶服務，從撰寫部落格貼文，到宣傳網路研討會，從日常的運動習慣，到每週餐點規畫。有了 ActionStack 就能省去許多決策，更快、更輕鬆、更順利搞定例行作業。你的大腦就有餘裕去做更重要、更需要創意，也更有意義的事情。ActionStack 的設計，是用於某一項作業，完成一連串作業中的某一項。

在另一方面，成功框架則是較為全面。成功框架可以是一連串的 ActionStack，只要依序完成每一項作業，就很有可能收穫成功的結果。

想更了解 ActionStack，以及我使用 ActionStack 的實例，請參閱 robhatch.com/actionstacks。

第三部

你的成功框架

第七章
干擾年代的成功框架

社群媒體有多容易成癮、社群媒體的影響，以及社群媒體破壞人類大腦的能力，已有不少人談過。我們面臨的問題極為普及，也極為強大，衍生出相當多的東西，包括新經濟體、新心理療法等等。

麥克斯．費雪在著作 *The Chaos Machine* 提出，在這個充滿干擾的年代，我們管理時間與注意力是固有的挑戰之一。他也具體談到，社群媒體最主要的目的，就是要點燃你的情緒。

我們這就看看自己面臨的問題。

> 要記住，你一天擁有的秒數是不會改變的。然而爭搶這些秒數的社群媒體內容，大約每一年都會增加一倍，要看你怎麼衡量。舉個例子，想像一下你的社交網路每天會產生二百則貼文，你有時間看其中大約一百則。在平台刻意操作之下，你看見的半數貼文，是最能挑起你的情緒的。到了隔年，二百則成長一倍，變成四百則，你會看見最讓你情緒激動的四分之一。再隔一年，你看到的是最讓你情緒激動的八分之一。久而久之，你會覺得你的社群朋友遠比以前愛說教、誇張、情緒激動。你自己也一樣。在此同時，本就比較不吸引人的內容，包括真理、訴諸更大利益、訴諸寬容的內容，相形之下是越發式微，越發黯淡，一如時代廣場上空的星光。
>
> ——摘自 *The Chaos Machine*

無論你的政治立場為何，這些平台的設計，並不是要提供你**最好**的資訊，或是**最平衡**的觀點，以利你做出結論。平台首要的目標，是引起你的興趣，留住你的注意力。這可是它們的拿手絕活。

這就是我們面臨的問題。坦白說，我們沒能預料到社群媒體的力量，所以也就沒能做好準備。我們的注意力被綁架，我們需要工具幫我們奪回注意力與時間。

我們的一員

我們看螢幕成癮的問題非常普遍，就連電信業者也在談這個問題。而且電信業者也在利用這個問題，也就是我們對於自己依賴手機的無奈心情，把製造問題的裝置賣給我們。

二〇二三年初，美國一家電信業者（UScellular）推出名為「放下手機五天，五小時，哪怕只有五分鐘」的活動。他們宣導的概念，是我們真的需要暫時脫離手機。這個概念當然是正確的。手機成癮是很多人的痛點，也是很多人討論、研究、撰文的主題。

UScellular 推出的廣告有一幕很簡短，是 UScellular 的執行長談到他對手機成癮現象感到擔憂，也有決心解決問題。在另一段影片，他特別談到他「正在做一件大家意想不到的事」，也鼓勵大家放下手機。UScellular 甚至推出一個網頁，上面有個計時器預設為五分鐘、五小時，或是五天，使用者也能自訂計時器。這是這家公司更浩大的「Let's find US again」活動的一部分。

我不知道這個活動是否有效，但把自己定位成一家企業，不對，應該說一家關心這個議題的企業，是一種很有意思的方法。也就是鼓勵你花時間做你**喜歡做**的事，或是陪伴你愛的人。

住在我體內的酸民想道：「哇喔，他們吃定了很多人對手機成癮，所以覺得鼓吹大家暫時擺脫手機，不但完全不會影響公司的營收，說不定公司還能賺更多錢。」畢竟企業花錢做行銷就是為了這個，就是為了擴大市占率。

我能想到出現在美國最接近的例子，是酒品公司提倡節制飲酒，或是鼓吹聚會時負責開車的人不喝酒。但我不曉得這是不是一種防禦性的訴訟策略，還是受到法院命令才這麼做。如果是這樣，那我也覺得這種訴求的效應應該很有限，不曉得能不能提高品牌忠誠度，進而增加營收。

但在 UScellular 的例子，很顯然他們表達的意思，是極為擔憂大家手機成癮，所以要勸大家減少使用他們販賣的手機，但這一切都是為了吸引你消費。他們訴諸這個痛點，雖說是為了賣出更多手機，但他們使用的方法，還有胸有成竹的態度，卻突顯出問題有多普遍。

干擾年代的自我管理

我在二〇一二年，開始意識到各種干擾已經導致我很難完成工作。我越來越無力應付種種干擾。當時我才剛確診注意力不足過動症，也開始服用藥物，但我還不了解這種疾病對我生活的影響，也不了解這種疾病是怎麼一回事，也不知道每天會有哪些症狀。

如果你不清楚，注意力不足過動症是一種神經疾病，每十人至少就有一人罹患。我說「至少」，是因為最近幾年，確診的成年人數增加。所以未來的普及率也值得觀察。

我的大兒子十歲那年由我安排就醫，確診注意力不足過動症。後來我自己也就醫尋求診斷。他在學校遭遇到的困難，跟同年齡的我簡直一模一樣。很顯然我自己也該就醫接受治療。

羅患注意力不足過動症的成人，多年來多半發展出非常有效的因應機制。有了這些因應機制，再加上很多人不了解，也嚴重誤解注意力不足過動症患者面臨的問題，導致不少患者終身都沒能得到診斷。

許多注意力不足過動症患者，在求學時期都有類似的經歷。例如被老師批評：「羅比是個很聰明的孩子，但他一天到晚跟朋友講話，都不專心。」

即使在確診後，我自己對於這種疾病所產生的影響的了解，也深受當時主流的觀念影響。想想「那個太活潑的男生，上課老是在講話，一秒鐘都無法專注。」其中幾項說的正是以前的我。我以前就是那個太好動又愛講話的男生。成年後的我，只是找到了能抒發這種精力的正常管道。

我之所以會去就醫，也是因為與另一人談過。比我年長幾歲，也比我早幾年當父親的好友保羅，給了我一些建議。當時他的兒子也才剛確診。保羅跟我一樣，越是細究就越覺得年幼的兒子的困境，像極了童年的他自己。

保羅是班上的畢業生致詞代表，後來進入隸屬常春藤聯盟的大學，課業負擔說沉重都算客氣了。他在課堂上沒什麼問題。聽課夠專心，也能理解課程內容。問題是他回到宿舍房間唸書，卻唸不進去。他的幾位朋友都可以一連幾小時坐著唸書寫作業。他卻沒辦法。這並不是因為他不如同儕聰明，而是因為他難以保持專注。

要知道當時是一九八〇年代末、九〇年代初。還要再過將近二十年，我們所熟知的科技干擾才會出現。

他說起那時的經歷：

> 我知道我的能力並沒有不如同學，但我一開始唸書，就會冒出一個讓我分心的念頭。我會兩眼放空，陷入沉思，過一會兒才會回過神來。所以我會強迫自己再次專注，我對自己說：「一定要專心，要收心了。」
>
> 這樣做短時間有用，但十到十五分鐘過後，我又分心了。我就陷入這**種專心、因為某個念頭而分心、發呆一下下、回過神來、責怪自己、然後再開始專心一下下**的循環，沒完沒了。

他也說，他開始工作以後，也出現同樣的問題。

你應該猜得到，他不知道自己罹患注意力不足過動症，所以他要求自己重新開始專心時，對自己說的話顯然就越來越負面。而且你應該也猜得到，既要一再走過這種思考循環，又要付出心力做事，結果當然就是**心力交瘁**。

我聽到他的故事，立刻就有了共鳴。我太熟悉這種沒完沒了的循環了。

我跟珍．辛格博士談過，她說，罹患注意力不足過動症除了會有行為問題之外，還有其他的問題：

每個人的性情不一樣，所處的神經發展階段也不一樣。注意力不足過動症確實會降低一個人的自我控制感，因為總覺得自己被種種衝動或干擾牽著鼻子走。

這種獨自能掌握、獨自能控制的感覺受到的干擾經驗越多，越有可能引發美國心理學家馬丁．賽里格曼所說的「習得無助」。就是覺得無論我怎麼做，都沒有用。

多年來，我練就一種深厚的本領，無論在職場還是社交場合，都能掩飾我的症狀，表現得「一切正常」。但我也發現，這樣做是要付出代價的。除了心力交瘁之外，我也常常苛責自己無法保持專注。

這只是注意力不足過動症患者遭遇的困境之一，而且不只是每天如此，而是時時刻刻都如此。

問題在於當時的我認為藥物能解決問題。呃，應該說藥物加上強大的意志力。藥物治療的效果很好，我也贊成大家使用。但我除了藥物之外，也需要額外調整，尤其是社群媒體問世，各種裝置出現在我們的生活之後。

對了，依靠意志力是完全沒用的。意志力總有耗盡的時候。我們很快就會談到這個。

是不是每個人都有一點注意力不足過動症？

不是。

越來越多沒有這種疾患的人，認為「每個人都有一點注意力不足過動症」。諸如此類的觀念也不正確，正如我對於注意力不足過動症也有一些誤解。會有這種觀念，代表不了解注意力不足過動症患者在日常生活的種種困境。有時候想要正常過日子都不可得。

這樣的觀念也很有害，因為會讓別人誤以為只要想辦法更專注，或是更努力就好。不過正如麥克斯．費雪在他的著作提到，社群媒體平台對我們的大腦有許多傷害。社群媒體平台拚命爭搶我們的注意力，雖說不會有什麼邪惡的陰謀，但畢竟還是演算法，就是刻意設計成要爭搶、要留住我們的注意力。

所以，你每天動不動就想看手機，或是覺得很難放下手機，回歸眼前的工作，有時候感覺就很像我們「誤以為」的注意力不足過動症。這些由文化引起的注意力行為，已經滲透到我們的日常生活，成為一套習慣，從某些角度看，很像大家誤認為是注意力不足過動症的一些症狀，尤其是注意力不集中的症狀。

再次強調，很多人之所以會將這些誤以為是注意力不足過動症的症狀，仍然是因為對於這種疾病懷有嚴重錯誤的印象。當然，任何人有這些文化引起的行為，都會感到困擾。然而，對於注意力不足過動症的患者來說，風險更高。所以找到克服干擾的方法才更形重要。

雖說風險已有所改變，但在社群媒體盛行**之前**，至少在我看來，有下列幾種簡單的干擾：

- 人會造成干擾
- 思想會造成干擾

人：設下界線

一個人能造成的干擾是有限的。想吸引我們的注意力，就要親自接觸我們，或是打電話，讓我們能看見、聽見。在社群媒體大行其道之前，即使是電子郵件，在大眾心目中也是商務溝通的工具，因此也受到商業規範的嚴格限制。電子郵件在當時尚未完全滲透我們的意識。更何況電子通訊剛問世的時候也受到批評，批評的聲浪至今仍然不小。

所以干擾仍然有限。

我從一九九〇年代初，一直到二〇〇〇年代初，是一路往上爬的年輕領導者，誤以為自己應該做個「敞開大門的管理者」。所謂敞開大門的管理者，意思是要讓同仁隨時找得到。我說「誤以為」，是因為這種作法無法長久。雖說作為上司，想讓屬下隨時找得到，確實是一片好意，但卻沒有時間專注處理身為上司該做的工作。

儘管如此，我那年輕、聰穎，還不知道自己有注意力不足過動症的腦袋，似乎並沒有受到這些干擾影響。我的辦公室向任何人敞開，我也相信我能兼顧手上的工作，以及其他人的需求。

現在回想，我彷彿超喜歡這種轉換。每一次的干擾，都帶來我的大腦渴求的多巴胺。我也深陷其中無法自拔。走進我的辦公室的人，幾乎沒有一位是要告訴我一切都很好。他們多半是有問題要請教，需要我的指導與建議。

實際情況是這樣的。在任何一天，我正在處理需要全神貫注的工作，例如撰寫補助申請案。有位同仁出現在我的辦公室門口，問我有沒有空。我既然立志要做敞開大門的管理者，當然會說有空，請進。同仁就坐在我的辦公桌對面的椅子上。在此同時，我正在寫的補助申請案仍然在我的電腦開著，電腦就在我辦公桌的一側，雖說並沒有直接擋在我與同仁中間，但仍然在我的視線範圍內。

在我與同仁剛開始說話的那幾分鐘，有時候甚至更久，我的注意力是分散的。我一邊還在想補助案，另一邊又想給坐在我面前的人該有的關注。還記得蘇菲・勒洛伊的研究嗎？她稱之為「殘餘注意力」。我們每次從一件事切換到另一件事，都會將上一件事的認知殘餘，帶到這一件事。

但這還不是最嚴重的問題。我漸漸覺得很討厭此人打擾。畢竟我正在寫補助申請案，拿到補助才有經費推動計畫，也才有錢付薪水。這位同仁難道不知道這件事有多重要嗎？顯然不知道。

等到我總算坦然接受內心的不耐，這才發現「敞開大門政策」需要調整。這項政策也許帶給同仁「若是需要幫忙，隨時都能找到我」的**印象**。但我的注意力卻得分散在二件都很重要的事情上，到頭來就是兩邊都無法顧及，這我實在受不了。

我得想辦法堅守界線，但也要適時協助同仁。我**一定要**讓公司的同仁知道，我也重視他們的需求。因此我的解決方案也要突顯這一點。

誰都希望自己的心聲有人聽見

解決方案會是什麼樣貌？敞開大門政策的目的，是方便同仁表達想法與擔憂。所以我做出一項簡單卻重要的調整，略為改變我與同仁見面時溝通的方式。

同仁到我的辦公室找我談話，我會把我的想法攤開來說，尤其是我正在做其他工作的時候。我表達的大致是：「抱歉，我現在在做（某工作），可是我很想聽你要談的事情。我們（數字）分鐘後見面聊好不好？我要先把這件事情做完，等一下才能好好聽你說。」

有時候是約在三十分鐘後，或是當天再約時間。這種作法簡單又有效，既能適時協助同仁，又能堅守自己的界線。我向同仁坦言，即使現在停下工作，也無法全神貫注在他們身上，間接表達出非常重視與他們的關係，也突顯出能專心聽他們說是何等重要。

我們在第一章談過，我失敗的「敞開大門政策」點出了問題，卻無法告訴我該如何解決。就像刺激與回應之間的空間，我也因為感到不耐煩而停下來思考。

我思考下列問題，就找到了解決方案：

- 我希望與同仁能有怎樣的互動？
- 我全神貫注的時候是怎樣的情景？
- 我該怎麼做，才能以最佳狀態協助同仁？

解決的方法，來自堅守**重視這段關係**的原則。

思考：管理我的注意力

我的大腦有點調皮。我想專注的時候它干擾我，通常是拿些無關緊要的小事干擾我。但我的大腦也很聰明，會掩飾這些干擾，把它們重新包裝成「有用的提醒」。

- 別忘了打電話給你媽。
- 要記得幫孩子跟牙醫約診。
- 那封電子郵件你回覆了沒有？

是不是很實用？其實不是。我一想到這些事情，往往就會暫時放下手上的事。我想立刻處理這些事情，因為「一下子就能搞定」，而且「現在不做，大概會忘記。」

但這些事情根本沒那麼急迫，可以等到以後再處理。轉而處理這些事情是在擾亂自己，害得自己要放下手上的工作。

而且往往還不只這樣。我放下手上的工作去打電話，或是寫一封簡短的電子郵件，接著還會有別的事情吸引我的注意力，就這樣沒完沒了。

留存想法

我管理干擾的二項最重要工具，是一隻筆以及一張白紙。我每天都拿出一張新的白紙。我的大腦每次給我「有用的提醒」，我就先寫下來，再繼續做手上的工作。就這麼簡單。

這樣一來，大腦給我的有用提醒就能保存下來，我也不必擔心自己會忘記。我習慣當天抽出時間看看這份清單，把上面列出的事情處理好。

我在家工作，工作的條件有所不同時，列清單格外管用。居家生活與工作的界線更為模糊，我的大腦更是瘋狂傳來有用的提醒。這時白紙就能派上用場。

立下規矩

我最近遇到幾個「突如其來的干擾」。至少目前先這麼稱呼。這也是在所難免。相信你也有類似經驗。突然其來的是什麼干擾，其實並不重要。反正這些事情搞得我無法繼續工作，也耗去太多時間。

但與其埋怨時間被浪費，一堆事情沒能完成，不如回頭檢視，看看**究竟**發生了什麼。

我前一天晚上已經計畫好要做什麼，尤其是一天最該完成的事。所以我在一天的開始，已經知道該做什麼，完成三個最重要事項的一切所需，也已經齊備。

我遵守自己訂出的工作時間規則。在這段時間，我不看社群媒體與電子郵件，也不接電話。所以我能在**突如其來**的事情降臨之前，專心完成許多預定要做的事。這樣說比較好聽，突如其來的事情**降臨**。

我先前稱之為突如其來的**干擾**。這樣稱呼嚴格來說也沒錯，但我們還是看看慢動作重播。也許我們該重新思考干擾是什麼，發生的事情又是什麼，就能主動轉移注意力。

好，我們從我開開心心做我的事情的時間開始。一切都很順利，直到我接到妻子的**第二次**通知。這是我們之間的暗號。第二次通知是一種觸發。意思是「嘿，我知道你在工作，但**這件事**比你正在做的事情重要。」通常是家裡的事，但我與妻子很有默契，所以我連想都不必想，就知道該立刻聯繫。這不叫干擾。這叫做約定的規則，以最優先的事項，也就是我的家庭為重。

在當時，因為我們有所約定，所以我連究竟是什麼事情都不必問，就放下**原本在做**的事情，轉而注意我**知道**更重要的事情。回想起來印象都很深刻。

在**一方面**，這件事情是「突如其來的」，確實干擾了我正在做的事情。在**另一方面**，我們夫妻也為這種情況做好準備。我們**早就決定**，要把注意力放在最重要的事情，也就是家庭上面。

我跟大家說這些，是因為當時的我並不了解。我需要事後回想，才知道究竟是怎麼回事。此外，因為我們有時候覺得專注與注意力，應該只用於增強生產力，追求更多成就。說了這些，不是因為那天一切按照我的劇本走。我那天當然沒能完成每一件預計要做的事。但我已有一個在這種情況決策的框架，所以我**選擇**將時間與注意力，用在重要的地方。

我最後檢討這一天，雖說有幾件預定要做的事情沒能做完，但遠比這個重要的是，雖說有意料之外的事情，但一切終究還是按照計畫進行。

依據你的優先次序做事

善用注意力，控制資訊與干擾的洪流，最有效的方法之一，是依據你的優先次序做事。我們的優先次序反映了我們的價值觀。

每個人重視的事情當然不一樣。然而，無論是我訓練的對象，還是與我一對一合作的對象，最多人對我說他們所重視的，是與自己所愛的人，也就是親朋好友的關係。

我們跟所愛的人的關係，以及為了維護關係所做出的努力，會是最佳的想法與靈感的來源。有了想法與靈感，就能打造有助於善用時間與心力的框架。

第八章 打造你的框架

我的朋友馬修生活在美國緬因州鄉下五十八英畝的土地上。他從來不想在一個社區，買下一小塊土地上的一間房屋。他的夢想是生活在夠大、能帶給他體驗，甚至是多種體驗的土地上。多年來，他將這塊土地打造成多樣化的環境，無論是他自己還是其他人造訪，都能找到符合自己心情的地方，也能體驗四季不同的大自然。這一切都從他的探索說起。

馬修走過林間的老路，發現這塊土地的獨特特色。他發現一道老石牆、一條溫和的溪流、一條伐木古道，還有一處雜草叢生的蘋果園，幾乎被藤蔓堵住。他每走一趟，都會稍微清理步道，割除一些雜草。他砍了幾棵樹，打造出最適合坐著欣賞六月日落美景的地方。最近，他清除了林地最高處一個大型岩架上幾十年累積的沉積物。

原本是小小一塊四平方英尺的裸露岩架，現在是幾百平方英尺的平整岩石。在炎熱的夏夜，最適合在這裡躺下仰望星空，感受花崗岩的涼爽。

每個角落與縫隙，都是體驗的機會。馬修明白這個道理，開始有條不紊整理這塊地，創造他希望自己和訪客能擁有的體驗。

你我不見得有那麼大一塊土地可以玩，但我們每天早上從睜開眼睛開始，就進入一連串的環境。每個環境都會影響我們這一天的經歷。我們的家、辦公室，以及使用的裝置都是如此。我們把時間花在這些空間上。

每個環境也許不同。但要記住，我們可以把環境塑造成每天一睜開眼睛，就能得到自己想要的體驗。

什麼適合你？

如果你可以掌握自己每天如何醒來，哪些東西又已經齊備，那你會選擇什麼？你會打造什麼樣的框架？

你上班的時候，需要什麼才能把工作做好？**我的**第一個想法，是想辦法把某些事情變得稍微輕鬆一些。我並不怕工作辛苦，只是希望工作除了辛苦之外，也能講求效率與效果。所以我往往會刻意尋找摩擦點，想辦法消除，不然就是調整環境以減少阻力。

我在著作《零干擾》花了不少篇幅，談一個我稱之為「邁向成功」的核心原則。想了解詳情，可以參閱 robhatch.com/psiyw。其實整個概念的基礎就是三個重點：

- 意志力是有限的
- 決策是一種干擾
- 習慣是一種強大的力量

我在塑造環境，創造我想要的經驗的過程中，會思考三個問題：

- 要如何減少對意志力的依賴？

- 如何減少決策？
- 如何把這件事情變得跟習慣一樣自然？

我的目標是要想辦法讓一種體驗變得更輕鬆，或是以馬修的例子為例，讓一種體驗變成更美好的享受。

提問的空間

二〇二三年初爆發了一場奇怪的爭議。知名居家整理專家近藤麻理惠表示，她現在樂於接受「雜亂」。身為三個年幼子女的母親，她如今不再每天整理她的家，而是享受與家人相聚的時光，不會很在意家中是否整齊。

她這番話引發的反應不一。有人深深鬆了一口氣，也有人覺得慘遭背叛。

我們把話說清楚。我相信近藤麻理惠並不是突然開始任由自己的家堆滿雜物。她所謂的「雜亂」，大概比我所謂的雜亂整潔多了。不過借用她的名言，對於現在的她來說，家庭才是「讓她怦然心動」的因素。

坦白說，我學了幾招她的整理法，尤其是她摺衣服的方法，還有整理衣櫥的方法。但她的整理法的精髓，並不是將T恤摺成整整齊齊的小豆腐塊。真正的精髓，在於她思考的一個簡單問題：「這能不能讓我怦然心動？」更具體地說，是要停下來問自己這個問題。

在忙碌的生活中停下來，哪怕只有一下下，檢視自己的狀況，思考簡單的問題，就能有驚人的效果。尤其是思考的問題是「這是我要的嗎？」從很多方面來看，這都是維克多・弗蘭克鼓勵大家尋求的，刺激與回應之間的空間。

近藤麻理惠提出的問題，也是要達成同樣的目的：放慢速度，找回我們的控制信念，做出的選擇要有目的。

近藤麻理惠一開始提出「這個東西能不能讓我怦然心動？」的問題，目的是要幫助我們整理人生。她鼓勵我們面對家中擺放的「物品」並問自己：「這個東西（燈、畫作、上衣，空的鞋盒）能讓我怦然心動嗎？」

近藤麻理惠的某些信徒聽見她說「擁抱雜亂」，是既失望又不解。感覺她背叛了他們，也背離她自己從前鼓吹的整潔生活。但我覺得這不叫背叛。

她提出很多「整理魔法」的具體方法，不過她的整理法的重點，永遠都是停下來思考：「這能不能讓我怦然心動？」

她成為母親之後，人生的優先次序有所不同。她希望自己與子女能有不同的人生經歷。所以，她沒有拋棄她的人生哲學，還是在思考同樣的問題，只是把範圍擴大，加入自己的子女，還有她與子女相處的時光。也許她思考的問題更像是「哪一個**更**讓我怦然心動：是與子女相處，還是整理我的家？」

我想……吃什麼？

謝麗爾．強森是身心健康大師，也是 *Box Lunch Lifestyle* 一書的作者。她提倡的方式，同樣是給自己空間停下腳步，思考我們的選擇權。她的方法是運用人人都有的吃午餐的經驗。

她在一場訪談中，提到只要思考一個簡單的問題：「**我**想吃什麼？」就能把正念這個抽象的概念變得具體＊。

＊ https://kristenmanieri.com/episode185/

她提倡的午餐盒生活法，當然也有一些規則。我覺得這些規則是避免我們每天吃奶油蛋糕。但在生活中的片刻，無論是多渺小，但終究**屬於**我們的片刻，思考這個問題，就能擴大自己的**控制信念**。她讓我們知道，可以停下腳步，檢視自己。

正如近藤麻理惠鼓勵我們思考「這能讓我怦然心動嗎？」強森的「我想吃什麼？」的簡單問題，也可以延伸到**其他**領域。這二種觀念，都有助於養成停下腳步，思考「我要把時間用在哪裡」的習慣，久而久之就會像謝麗爾・強森說的，形成一種「生活方式」。

決心成功：百分之四十三

訂出新年目標的人當中，大約百分之四十三連一月份都還沒結束，就已放棄。很多人自然而然會研究，這些人本該努力一整年，為何**撐不到**四週就放棄。也許你也曾如此。

如果你跟我一樣，那你應該可以想像，撐不到四週就放棄，腦海難免會浮現的那些自責的念頭：「你看，你又來了，你就是不能貫徹始終。」「你這個人就是沒恆心。」「你**老是**這樣。說要怎樣怎樣，然後就……」你懂的。

當然，我們可以仔細檢討失敗的種種原因。但費什巴赫的研究已經告訴我們，我們的自我會因此受到一些打擊。就算你不相信這項研究，會不會覺得剛才那些負面的自我批評很熟悉？如果我們受到自我影響，真的難以從失敗的經驗學習，那又何必浪費時間逆勢而為，非要從失敗學習，更何況我們的自我還欺騙我們，故意對我們說：「你會失敗，因為你這個人就是個爛貨？」

聚焦在優勢

我先前提到我的恩師布列茲頓醫師。他與兒童還有家屬合作所採用的「觸點方法」，對於兒童發展界影響深遠，也改變了醫師與兒童病患及家屬的合作方式。

布列茲頓醫師提出了與病患家屬合作的幾項原則與假設。他的假設有助於我們思考，以正確的心態與人互動。

他的假設之一，是「每個父母都有優點」。這句話可以改變我們的心態、我們對眼前情況的看法，最重要的是，還能改變我們對別人的看法。在一切似乎分崩離析的時候，這種觀念格外有用。這種觀念大大提醒了我們，要了解情況之外的事情，同時也指引我們不要只看別人的缺點，不要急著想解決問題，而是要著重在別人的優點。

這為何如此重要？因為每個人都有優點。優點是發展的本錢。

當然，你知道我指的不只是跟病患的父母合作。這也跟我們如何看待自己，如何看待自己犯的錯誤、失敗的經驗、「我又來了」的時刻有關。有了正確的觀念，才會知道重點不是解決問題，而是發揮優勢。

與其只看沒能實現的新年新願望，何不調整自己的作法，改為檢視我們在這一年的頭四個禮拜的成功之處？

假設你的新年新願望，是每天上健身房。從新年開始一連二十二天，你都做到了。已經漸漸覺得感受有所不同。你的體重減輕了三十二公斤。你吃得更好，喝更多水，一切都順利。但在上個禮拜，你脫離了平常的節奏。一連二天沒去健身房，然後去了一天，但後來又連續四天沒去。

我不想知道你為何沒能實現願望。我想知道你是如何連續上健身房二十二天不中斷。我想知道你最初為何會許下每天上健身房的願望。我想知道你忙於工作、與家人相處，還要面對種種要求與誘惑，如何還能抽出時間上健身房，還堅持了那麼久？

那是怎樣的情景？

接受我指導的客戶常聽見這個問題。我希望他們深入探討一個構想或事件，多說一些細節，就會問他們這個問題。這個問題很管用，有助於我們逐步分析成功的原因。

我覺得與其研究第二十三天出了什麼問題，還不如探討我們為何能連續三週天天上健身房，能學到更多的東西。你能持之以恒一陣子，即使沒有貫徹到底，也能發展出個人成功的方法。

每一個成就都是一連串的行動累積而成。你採取了某些步驟，才會成功。你究竟做了些什麼？

• 你做了什麼？

• 你如何調整自己，才得以成功？

然後你又做了什麼？

首先，看看這些問題是問你如何控制。「你做」、「你調整」。這就是主導。是的，我們也能主導自己的成功。

所以也許你的答案會是：

• 我提早半小時起床。

• 我把它寫在行事曆上。

• 我預先準備好我的運動服。

• 我準備好咖啡。

• 我計畫好到了那邊要做什麼。

從你所列出的清單，應該可以看出能讓你成功的重要線索與行為模式。最起碼也是能讓你複製成功結果的簡單流程。最理想的情況，則是能看出可用於實現其他目標的藍圖。

- 預先決定要做什麼
- 訂出時程
- 把我所需的準備好

你有沒有發現，這慢慢形成一個成功框架？這並不是成功所需的一切，並不是萬無一失，但你做的越多，越是持之以恒，就越能打好基礎。

對我來說，前一天晚上規畫好三件必須完成的最重要事情，寫下來，隔天就會更順利。手邊隨時準備一張白紙，就能隨時保留腦海浮現的想法，不會忘記，也不需中斷正在做的事。

對於生活中的許多事，我們必須思考（也要回答）「那是怎樣的情景？」的問題。

順利的時候是什麼情況？

乍看之下，我們好像明白了。我們點頭，認同拿回控制權的前提。但我們若沒有經常思考這個問題，就會忽視重點。

也許你在家中，在工作上有不順利的地方。原因也許很長，也許很短，但大概不脫優先次序、拖延、組織，或是干擾的問題。有趣的是，一旦出了問題，我們總是很容易想出一大堆原因。但若是成功，我們卻幾乎想不出原因。

回顧你的成功經歷，找出致勝框架是很重要的。重點並不是「別忘了你很特別，很了不起」這種含糊籠統的心靈雞湯。而是我們忽略太多次的概念：我們已經建立了自己的成功框架。而且還能複製、調整，發展這個框架，以克服未來的挑戰。

「成功框架」並不是一個特定的公式，而是一個以我們個人經歷為基礎的框架，能幫助我們實現新目標。

第九章
框架是行動的後盾

我們可以建構一個能一再使用的成功框架，也可以依據不同的情況予以調整，以實現新的目標。但框架並不能**幫**我們做事。

我們最終的目標，是希望依循成功框架，採取成功所必要的行動。這就需要定義成功。我們可以思考「成功的時候看起來是怎樣？」

定義成功

我的妻子在季末計算營業稅。她說，營收與去年同期比較，成長了將近百分之二十一。我覺得這樣的成績值得喝采。

有趣的是，她並不覺得營收能代表一季的成敗。她覺得營收是成功的一季的結果。這個差別很重要。

結果是什麼造成的？梅根的專長是人物攝影。她的客戶主要分為二大類：高中應屆畢業生以及家庭。她也知道，這二大類的每位客戶的平均營收是多少。不過她規畫事業的目標，著重的並不是營收，而是客戶。

具體地說，她在意的是增加委託她的客戶人數。這話雖說很明顯，甚至像是廢話，但從著重營收改為著重客戶人數，是個很重要的改變。她知道只要專注服務客戶，自然會有營收。她從制訂營收目標，改為努力增加客戶的心態，也成為她做任何事情的框架。

梅根把時間花在為客戶打造經驗。她不只是把作品發表在行銷管道上，也說故事吸引目光。她鼓勵母親（還有父親與祖父母）「勇於入鏡」。她也坦白告訴大家，她真希望自己多年前就拋開內心的不安。

她完成了高中畢業生的照片，立刻請這位學生的親朋好友先睹為快，也與他們交流意見。就是那種十幾歲的人，綻放很久不見的笑容的照片。而且是最熟悉這位高中畢業生的親朋好友，發現梅根拍攝的照片，完全捕捉到每一個人的獨特個性。她以客戶為重，所以會思考「我要怎麼讓更多人入鏡？」這個目標可不容易達成。如果成功，她知道成品就是最好的宣傳。

你對成功的定義是很重要的。依據成功的定義打造的框架，能引導我們採取成功所需的行動。梅根對成功的定義，是**創造能讓她拿出最佳工作表現的環境**。

我在第八章提過，我個人的成功框架之一，是「邁向成功」。我也用這個框架，打造其他成功框架。再說一次那三個重點：

- 意志力是有限的
- 決策是一種干擾
- 習慣是一種強大的力量

我們雖然可以憑藉意志力實現目標，但研究證實，意志力並不是取之不盡、用之不竭，尤其是一整天下來。所以，但凡是乏味的工作，我們都不想**依賴**意志力去做，無論我們還剩下多少意志力。

我喜歡舉的例子是，如果我的目標是訓練自己跑十公里的馬拉松，那我不想把意志力用在起床、出門這些事情上。我寧願用在克服跑步**過程中**的難關。所以應該要好好思考，如何把心力以有效率的方式，用在該用的地方。應該要把心力用在人生最重要的領域。

我們的決策能力就像意志力，也會有耗盡的時候。我們每多做一個決策，後續做決策的能力就會下降。我不想在一天的開始，就浪費時間在家裡走來走去找車鑰匙，也不想煩惱早餐要吃什麼、穿什麼。這些行動每一個都需要決策，哪怕是很小的決策。每個決策都需要時間，哪怕是再短的時間。每個小決策，都會占用我寧願用在其他地方的心力。

習慣是一種強大的力量，我們天生會受其影響。這並不是說我們完全受習慣主宰。但我們天生就會養成習慣，習慣也是我們能順利度過一天的關鍵。我們因為養成了習慣，所以不需要耗費心力思考**該怎麼**刷牙，該怎麼繫鞋帶之類的事情。這些都是根深蒂固的習慣。養成習慣，做事就會更為輕鬆。習慣能讓大腦減輕負擔，我們的生活就更有效率。我想好好善用這種天生的傾向。

「邁向成功」框架不僅接受這三個重點，也運用對這三個重點的理解，讓生活更輕鬆。我們再仔細看看如何能把它當成成功框架運用。

我藉由反思實踐，再加上好友兼教練貝姬．麥克雷的協助，發展出我的幾個基礎成功框架之一。先前說過，我身為注意力不足過動症患者，很容易分心。我有時也有其他問題，例如拖延、容易受到干擾（內部與外部）影響等等。但這些問題我有時候也**全都能**克服。

還記得我有一次打破尋常的侷限。我決定每天早上早點起床處理幾項工作，到了度假的時間，就能專心陪伴家人。貝姬與我分析我的成功經驗，整理出一個有助於保持專注、提升個人生產力的框架，至今仍然很實用。我將這個框架稱為我的「成功區塊」。

我覺得重點就是在每天早上的最初二小時，完全按照先前的成功經驗去做。詳細的流程是這樣的：

一、做好計畫：我會**預先想好**要做哪些工作。通常會在前一晚想好。

二、工作量要有限制：我規定我的「成功區塊」不得超過三項工作。

三、時間要有限制：我會預定一段時間（二小時）。
四、時間要有具體用途：每項工作分配的時間是四十五分鐘。
五、不受干擾：我會關掉所有通知。我不會查看電子郵件，也不會接電話。

每個步驟都會運用「邁向成功」框架三個重點的至少一項。我先前提過這個框架的基本架構：

- 預先決定要做什麼
- 訂出時程
- 把我所需的準備好

我經常使用這種基本的框架。我先前說過，要從過往的成功經驗歸納出可用的框架，運用在其他領域。

宣示你的意圖：迷你框架

想好自己的意圖再明確宣示，這雖說簡單，卻能發揮強大的效果。

有時候預定的時程趕不上變化，我們必須調整，繼續做正事。重新開始對我來說是很困難的。在這種情況，我會把做事情的時間分成小段，再定出目標。「接下來的二十五分鐘，我會……」如此就能迅速完成**預先規畫**，我也會運用我的「成功區塊」框架的其他內容。

宣示自己的意圖，能有下列效果：

- **放慢速度**。我們的生活總是一件事情接著一件。我發現即使不做事的時候，大腦也被諸多思緒纏擾，叫我做這個、做那個，弄得我不知如何是好。更何況我還會內疚，覺得自己**不該**無所事事。花點時間宣示自己的目標，很像找到弗蘭克所說的空間。收拾我**正在**做的事，為接下來要做的事情做好準備。
- **我主宰我的時間**。我宣示我的目標，例如寫作二十五分鐘，就是宣示要將這段時間用於寫作。在這二十五分鐘，我的收件匣無論有什麼信件，都不重要。TikTok或是CNN上有什麼事情，也不重要。這段時間只用來寫作。
- **定義了行動**。我宣示目標，我的行動就有了定義，也有了焦點。我也很清楚接下來二十五分鐘要做什麼。如果我接下來要開會，我可能會暫時自己一個人靜一靜，事前宣示我的目標。提醒自己，就能將注意力集中在人與目標上。

我覺得這個方法最有效的地方，是以簡單的方式，提醒自己接下來該做什麼，也允許自己聚焦在**一件**事情。我刻意把時段設定得較短。我定出二十五分鐘或四十五分鐘的時段。我有時候更加專注，就能一連完成幾項目標與行動。

我要說清楚，我並不是每件事情都能預先決定，預作準備。但這個迷你架構，運用了許多我參考過往的成功經驗，所歸納出的成功要素。

簡單的決策：迷你架構

決策是一種干擾，也是「邁向成功」框架的重點之一，我也一再想起這一點。

在新冠疫情剛開始的四個月，我想做很多很多事情。美國緬因州的天氣轉暖，我更是想出門**做點事情，什麼事都好**。但要做什麼呢？

我們除了跟少數幾位親朋好友，在保持社交距離的情況下聚了幾次之外，很少踏出家門。而且（在我看來）安全又有趣的活動也不多。我想……「我該把獨木舟搬到河上。」「我應該去釣魚。」「我應該跟我媽或是跟朋友去打高爾夫球。」

但我的大腦又會頂嘴……「是啦，可是獨木舟太重，一個人搬不動。你已經一整年沒碰它了。」「你釣魚的設備又不齊全。而且要到哪裡去釣魚啊？」「那太花時間了。」

往往有了好構想，我坐著的地方與我走出家門之間的距離，是最難跨越的。我的大腦喜歡指出每一件該做的事、我目前缺乏的東西，還有我需要卻無法擁有的東西。大腦喜歡提出**何時**、**如何**、**萬一**的問題。這些是橫擋在我面前的問題。

簡單決策的力量

有一天下午，我**決定**花費十五分鐘，到車庫去看看獨木舟。看起來沒什麼問題，於是我看看我的槳、救生衣，還有錨是否都齊備。

隔天我又花了十五分鐘，看看我們的釣魚設備。我拿了幾根釣竿還有一些釣具，放在一起。

那天晚上，我決定看看我多年沒使用的飛蠅釣設備。我坐在電視機前面一連三十分鐘，重溫相關的知識。我清洗了幾樣東西，預備起來。

幾天後，我坐在我們家的獨木舟裡，在附近的一條河上，看著我十歲的女兒今生第一次釣到魚。接下來的二個禮拜，我四度出門釣魚。我跟兒子一起去，跟兄弟度過一整天，教我女兒釣魚，甚至還抽空自己釣魚幾小時。

獨木舟太重，一個人搬不動。**我確認過了，沒那麼重**。

你已經一整年沒碰它了。**我確認過了，它沒問題**。

你釣魚的設備又不齊全。**我看過了。很齊全**。

而且要到哪裡去釣魚啊？**我看過地圖了。離家很近**。

那太花時間了，你哪有那麼多時間。**是很花時間沒錯，但我會抽空**。

我也想說，我規畫了每一步。**但我沒有**。我所做的，是一點一滴解決一路上的小小障礙。我所用的，是我每次想做事，都能成功的方法。即使是出門釣魚這樣的小事。我刻意利用零碎時間，每次只專注做一件事，藉此掃除所有的障礙。我也排除那些妨礙我做想做的事情的小決策。

順利走過過渡期

每年的那個時候，是我要努力度過的過渡期。也許你的過渡期與我不同，但過去幾年來，每逢春季，我的行事曆上總有這樣一句話：「要調適，學年的尾聲總是很忙亂。」

果真是如此，我們夫妻已經開始商量要如何適應即將到來的夏季生活。這都是正常的。每年都要經歷這一番。我們也總是能順利度過。只是一下子要應付那麼多轉變。而且受影響的不只是家庭生活，還有我們夫妻各自的事業。所以各方面都需要調整。

但行事曆上的提醒絕對重要。這句提醒是適度的預期性導引，告訴我們接下來會有的狀況，免得我們一下子陷入混亂，茫然又錯亂。坦白說，僅僅是知道日子即將變得忙亂，就能讓我們穩住心情，這樣要安然度過接下來的挑戰，也容易得多。

在春季的尾聲，我們女兒的學期也即將結束，她唸大學的哥哥姐姐，也即將回家過暑假。所以我也難免要調整現在的作息。例如我必須保留更多時間，參加學年末的活動，迎接每個返家的子女，為夏季的生活做好準備。

每年預先提醒自己，就能給自己一些預期性導引。我也能預作準備，先行調整。

如果你開車上班，那你可能注意到在工程開始的幾個禮拜之前，路邊都會出現告示牌。意思是告訴你，你平常走的路，還有你到達目的地所需的時間，在接下來的幾個禮拜都會有所不同。照理說你就有時間預作準備，保留更多通勤的時間。

我每年在行事曆提醒自己，也是一樣的道理。我從經驗得以判斷，全家人何時會需要改變平常的作息。這些提醒就是我的個人告示牌。

以下是我們家的幾個重要的過渡期，還有我在行事曆寫下提醒事項的時間：

- 學年結束：六週前
- 學年開始：三至四週前

- 年尾的假期（十一月底至一月的第一週）：感恩節前的一至二週，還有在聖誕節前的二週再寫一次

調整並不見得要很大規模，才能有顯著的效果。只要簡單提醒接下來會有多忙碌，我就不會指望自己在過渡期完成很多事項。

這些提醒，這些預期性導引，讓我看見過往成功經驗的支柱，也就是我的成功框架。

- 預先決定要做什麼
- 把我所需的準備好
- 訂出時程

說真的，這些提醒大大減少了我的煩惱。有時我只是需要提醒，讓自己知道要多花一點時間才能達到目的。

務必要記得，我們的職業生涯與個人生活都有季節。我們有時候必須因此調整。所以，生活如果不如一個月之前順利，那也許就該調整時間安排。

- 留意周遭的情況
- 尋找調整的機會
- 要深思熟慮
- 要留意哪些方法有用，轉變從何時開始
- 打造簡單的框架，讓未來過渡期的轉變大為順利
- 提醒自己要為明年的同一時間做好準備

而且要記得，每個人都會經歷過渡期。

決策框架

我合作的客戶，在經營企業的過程中，都要面臨各種重要決策。有些是因為最近大幅成長，有些則是思考是否需要微幅或大幅的改變。二者同樣要面對不確定性。

當紅的企業，會擔心市場高需求能維持多久，公司又能承受多大幅度的成長。

想改變的企業也是如此。是應該暫時改變，還是永久改變？

企業主總是需要處理突發狀況，也常面臨艱難的抉擇。不確定性會引發一種急迫感，會讓人焦慮又不知所措。這些都會害得我們看不清實際的問題。

弄清楚是什麼

有時候我們**自以為**知道難解的問題是什麼，因為感覺滿腦子想的只有這個問題。但其實我們可能沒看見真正的問題。

我們把問題弄清楚，至少努力去研究，就能掌握具體的資訊。我們**不能**只是悶在心中煩惱。跟別人討論，或是寫出來，有時候就能找到解方。

你的企業現在面臨哪些決策？花點時間想想，寫下你的答案。不要花太長的時間，寫個幾分鐘，看看能不能更了解問題。再試試從以下兩個問題分析：

- 你需要踏出的第一步是什麼？
- 你需要哪些資訊，才能做出有把握的決策？

從這裡開始。要保持簡短。

我在這一章，以及在這整本書，討論許多成功框架。很多框架的基礎，是我從過往大大小小的成功經驗歸納出的心得。我相信這些框架，包括「邁向成功」的框架，很多人都能應用在各種情況。

徹底了解自己的優點，確實有莫大的好處。當然，有一些可以將優點分類的評估工具。運用這些實用的工具，就能知道自己有哪些類型的優勢與他人相同。但回顧過往的成功經驗，了解自己做過的選擇、採取的行動，又是**如何**整合這一切，就能發掘出未經發掘的豐富優勢。除此之外，正如翠西．史波能堡所言，我們有「通融他人的需求」的能力，所以能發掘出同仁的獨特優勢。

發掘的方法之一，是提供反思實踐的機會，讓大家「持續自我觀察、自我評估，以理解他們自己的行為」，目的是了解、精進自己的能力與技能。

領導者自己也能推動反思實踐，不只是提供機會，也可以參與反思管理，讓反思實踐的過程更為順利。一切的目的，是要了解每個人的獨特優勢與能力，提供他們發揮優勢所需的資源。

想了解更多反思實踐與反思管理的資訊，請參閱 robhatch.com/reflectivepractice。

接下來的步驟：那是怎樣的情景？

我又提出來了，這是我最喜歡的問題。坦白說，我不知道**你**接下來打算怎麼做，但我有一些簡單的建議，也想請你試試看幾種作法。

對你

練就反思實踐的能力。一開始目標不要太大。每週挪出二十分鐘即可。想想一個情況，你經歷過的一次互動、你完成的一項專案，或是你最近的成就。問自己類似這樣的問題：「成功的時候是怎樣的情景？」允許自己說出你**如何**成功。如果你喜歡用寫的，那就寫下來。也可以打開手機的錄音應用程式，或是拍攝一段影片。

把重點放在你做了什麼、說了什麼、做了哪些選擇。也要說出你一路上得到的幫助。也許是朋友相助、良師指點，或是隊友或教練的監督。

記下對**你**來說有用的方法，看看能不能從中找出過往成功的關鍵因素。這些就能形成你的成功框架。

對其他人

如果你扮演協助別人的角色，無論是在職場，對另一半，還是對子女，都要盡量尋找他們的優點。

請他們與你分享**他們**的成功故事。問他們是如何成功的、做了哪些選擇、做了什麼，又說了什麼。看看你能不能替他們找出過往成功的關鍵因素，幫他們打造成功框架。

謝謝你撥冗閱讀這本書。言語不足以形容我的感激。

想要更多資料，或是想更了解成功框架，見 robhatch.com/successframes。也可以寫信給我 rob@robhatch.com。竭誠歡迎各位來信。

中英名詞翻譯對照表

人物

三至十畫

大衛・艾倫 David Allen
大衛・斯皮格 David Spiegel
比爾・蓋茲 Bill Gates
卡蘿・杜維克 Carol Dweck
卡蘿・彼得森 Carol Peterson
史蒂芬・柯維 Stephen Covey
布列茲頓 T. Berry Brazelton
瓦蕾莉・奧萊尼克 Valary Oleinik
安東尼・巴洛斯 Anthony Barrows
亨利・福特 Henry Ford
伯蘭・史杜克 Bram Stoker
克里斯・布羅根 Chris Brogan
貝姬・麥克雷 Becky McCray
奇普・希思與丹・希思 Chip and Dan Heath
阿比迪・諾爾・伊夫汀 Abdi Nor Iftin
阿耶萊特・費什巴赫 Ayelet Fishbach
柯比・布萊恩 Kobe Bryant
珍・辛格博士 Dr. Jayne Singer
約翰・杜威 John Dewey
約翰・泰勒 Jon Taylor
約翰・斯旺森 Jon Swanson
唐諾・舍恩 Donald Shon
馬丁・賽里格曼 Martin Seligman
陶德・羅斯 Todd Rose

十一畫以上

麥可・喬丹　Michael Jordan
麥克斯・費雪　Max Fisher
傑瑞・史特寧　Jerry Sternin
揚尼斯・安戴托昆波　Giannis Antetokounmpo
賈斯汀・羅斯　Justin Rose
維克多・弗蘭克　Victor Frankl
翠西・史波能堡　Traci Sponenberg
戴爾・卡內基　Dale Carnegie
謝麗爾・強森　Cheryl K. Johnson
邁爾康・富比士　Malcolm Forbes
黛比・布朗　Deb Brown
蘇菲・勒洛伊　Sophie Leroy
蘿倫・埃斯克雷伊斯—溫克勒　Lauren Eskreis-Winkler

機構

休士頓太空人隊　Houston Astros
行為設計與社會正義中心　Center for Behavioral Design and Social Justice
奇波雷墨西哥燒烤餐廳　Chipotle
芝加哥大學布斯商學院　Chicago Booth University Business School
救助兒童會　Save the Children
都柏林大學學院　University College Dublin
開特力　Gatorade
勤業眾信聯合會計師事務所　Deloitte
蓋洛普　Gallup

摩根大通　JP Morgan Chase

其他

反思實踐　reflective practice

《心態致勝：全新成功心理學》　*Mindset: The New Psychology of Success*

成功指數　Success Index

米爾諾市　Milnor

自我威脅　ego-threat

每個嬰兒都知道的事　What Every Baby Knows

東尼獎　Tony Award

控制信念　locus of control

殘餘注意力　attention residue

新生兒行為觀察系統　Newborn Behavioral Observations System

《零干擾：善用簡單決策的力量，找回時間與注意力》　*Attention!: The power of simple decisions in a distracted world*

構想友善　Idea Friendly

《與成功有約：高效能人士的七個習慣》　*7 Habits of Highly Effective People*

《學會改變：戒除壞習慣、實現目標、影響他人的 9 大關鍵策略》　*Switch: How to Change Things When Change is Hard*

職場自閉症計畫　Autism at Work

觸點方法　Touchpoints Approach

Success Frames: Why learning from success is the key to understanding what motivates and inspires us, by Rob Hatch

成功乃成功之母

從你過往成功的大小事例找到亮點，建立你未來的成功框架

作者　羅伯・哈契（Rob Hatch）
譯者　龐元媛
主編　劉偉嘉
校對　劉偉嘉
排版　謝宜欣
封面　萬勝安
出版　真文化／遠足文化事業股份有限公司
發行　遠足文化事業股份有限公司（讀書共和國出版集團）
地址　231 新北市新店區民權路 108 之 2 號 9 樓
電話　02-22181417
傳真　02-22181009
Email　service@bookrep.com.tw
郵撥帳號　19504465 遠足文化事業股份有限公司
客服專線　0800221029
法律顧問　華洋法律事務所　蘇文生律師
印刷　成陽印刷股份有限公司
初版　2024年12月
定價　380元
ISBN　978-626-98996-5-4

歡迎團體訂購，另有優惠，請洽業務部 (02)2218-1417 分機 1124

國家圖書館出版品預行編目 (CIP) 資料

成功乃成功之母：從你過往成功的大小事例找到亮點，建立你未來的成功框架／羅伯．哈契（Rob Hatch）作；龐元媛譯. -- 初版. -- 新北市：真文化，遠足文化事業股份有限公司，2024.12
面；公分 --（認真職場；33）
譯自：Success frames : why learning from success is the key to understanding what motivates and inspires us.
ISBN 978-626-98996-5-4（平裝）
1. CST: 成功法
177.2　　113017908